Die lernende Organisation
Band 11

Angelika Hamann / Johann J. Huber

Coaching

Der Vorgesetzte als Trainer

Rosenberger Fachverlag Leonberg

Von Dr. Walter Rosenberger

Die Deutsche Bibliothek – CIP-Einheitsaufnahme

Hamann, Angelika:
Coaching: der Vorgesetzte als Trainer / Angelika Hamann /
Johann J. Huber. – 3., aktualisierte und erw. Aufl. – Leonberg:
Rosenberger Fachverl., 1998
(Die lernende Organisation; Bd. 11)
ISBN 3-931085-11-2

Die Kapitel 1, 3, 4, 6 hat Johann J. Huber verfaßt, die Kapitel 2, 5 und 7 Angelika Hamann.

3., aktualisierte und erweiterte Auflage

Umschlaggestaltung: Eva Martinez, Stuttgart
Lektorat: Manuela Olsson, M.A., Göppingen
Satz: UM-Satz- & Werbestudio Ulrike Messer, Weissach
Druck: Wilhelm Städle GmbH & Co., Öhringen
Printed in Germany
ISBN 3-931085-11-2

Vorwort

Immer mehr erkennt man, daß Seminarbesuche alleine nicht ausreichen, um Mitarbeiter wirklich zu Spitzenmitarbeitern zu entwickeln, um den Praxistransfer zu schaffen. Engpaßkonzentriertes, wachstums- und entwicklungsorientiertes Arbeiten ist gefragt. Wer eignet sich hierfür besser als die jeweilige Führungskraft? In den Zeiten des Change-Managements, der ständigen Entwicklung und Veränderung ist eine Differenzierung über die Art der Produkte, die unterschiedlichen Dienstleistungen kaum mehr möglich. Die Mitarbeiter sind das wichtigste Kapital, um den Unternehmenserfolg auch in Zukunft zu garantieren, um eine permanente Bindung zum Kunden herzustellen und aufrecht zu erhalten. Außerdem sind nur die Mitarbeiter, die als Mitunternehmer denken und handeln, ihr Ohr am Markt haben, langfristig die Garanten für einen permanenten Unternehmenserfolg. Die Führungskraft ist also der wichtigste Partner im Rahmen einer lernenden Organisation, der Entwicklung der Organisation und der Mitarbeiter. Die Führungskraft als Coach, als Entwickler ihrer Mitarbeiter hat mindestens die Aufgabe und Bedeutung, wie der Coach eines Spitzensportlers.

Dieses Arbeitsbuch haben wir für alle Führungskräfte geschrieben, die ihr eigenes Coaching-Verhalten weiter entwickeln und optimieren wollen.

Hamburg und Maisach, im Sommer 1997
Die Autoren

Inhaltsverzeichnis

Abbildungsverzeichnis

1. *Coaching – Was ist das?*

In der Trainer- und Beraterszene gibt es für den Begriff „Coaching“ zahlreiche Definitionen. Aus diesem Grund lassen Sie mich zuerst Coaching definieren.

Von der Psychotherapie unterscheidet sich Coaching bereits dadurch, daß Coaching auf den beruflichen Kontext, also auf das berufliche Handeln und damit weniger auf allgemeine psychisch problematische Situationen fokussiert ist. Somit kann man hier bereits klar betonen, daß auch Coaching kein neues Allheilmittel sein kann bzw. sein wird und auch seine Grenzen hat.

Coaching, bezogen auf den Vorgesetzten, ist ein *von beiden Seiten bewußt gestalteter Entwicklungsprozeß* im Sinne eines Noch-Besser-Prozesses. Ziel des Coachings im betrieblichen Arbeitskontext ist, daß der Vorgesetzte den Mitarbeiter dabei gezielt unterstützt, seine Aufgaben gezielter bzw. besser wahrnehmen zu können. Dabei ist Coaching kein neuer Arbeitsauftrag seitens des Unternehmens. Jede Führungskraft hat im Rahmen ihrer Führungsaufgabe den Auftrag, aus Mitarbeitern Spitzenmitarbeiter im Rahmen der jeweiligen betrieblichen Aufgabe zu entwickeln.

Wenn man dann noch bedenkt, daß der Mitarbeiter zum wichtigsten Erfolgsfaktor im Markt der Zukunft wird, dann ist es umso wichtiger, daß jeder Vorgesetzte die Rolle des Coachs noch bewußter wahrnimmt. Wirft man eine Raupe hoch und befiehlt ihr zu fliegen, dann wird das nicht funktionieren. Eine Raupe entwickelt sich erst zum Schmetterling und der fliegt dann. Einen Mitarbeiter zum Spitzenmitarbeiter zu entwickeln, geht nicht von heute auf morgen, sondern bedarf eines gezielten Entwicklungsprozesses, der sowohl vom Vorgesetzten, als auch vom Mitarbeiter entsprechend gestaltet wird.

Eine weitere wichtige Abgrenzung ist die vom Coach zum Mentor und zum Unterweisenden. Hier orientiere ich mich an einer Übersicht von Rolf Th. Stiefel.

Welche Verhaltensweisen von Vorgesetzten gibt es?

Vorgesetzten-verhalten Dimensionen	Unterweisung	Coaching	Mentorenverhalten
Ansatz des Helfens	Zeigen und anweisen, Einrichtung von Praxissituationen, die dann durchgesprochen werden	Gemeinsames Durcharbeiten eines Problems, Schaffen von Möglichkeiten, neue Fähigkeiten auszuprobieren und zu erwerben	Handelt als Freund und Partner und ist auch bereit, gegensätzliche Positionen einzunehmen, hört zu und stellt Fragen, um den Bewußtseinsstand des anderen zu erweitern
Verwandte Aktivitäten	Analyse der Aufgabe, klare Anweisungen, Überprüfung, Praxis, sofortiges Feedback	Gemeinsame Problemklärung, Schaffung und Einrichtung von Entwicklungsmöglichkeiten, Durchsprechen des neuen Entwicklungsstands	Verbindung herstellen zwischen Arbeit und anderen Segmenten des Lebens, Klärung von grundsätzlichen Antriebskräften und langfristigen Zielen
Einstellung zum Umgang mit zweideutigen und unklaren Situationen	Sie werden eliminiert	Sie werden als Herausforderung für das Lernen eingesetzt	Sie werden als stimulierender Teil des Lebens schlechthin angenommen
Beabsichtigte Ergebnisse für den Lehrer	Prognostizierbare und genaue Leistungsfähigkeit für eine bestimmte Aufgabe zu einem bestimmten Zeitpunkt, Lernender weiß, wo er mit seinen Fähigkeiten steht	Ergebnisverbesserung und Erweiterung der Kompetenz des einzelnen, unabhängig zu arbeiten; Lernender weiß, was er erreichen kann	Infragestellung von bisherigen Annahmen von „Arbeits- und Lebenspositionen". Die Standortbestimmung führt zu einem erweiterten Bewußtseinsstand; Lernender weiß, wo es für ihn in Zukunft entlanggeht

Vorgesetzten-verhalten	Unterweisung	Coaching	Mentorenverhalten
Mögliche Ergebnisse für den Helfer	Befriedigung und Kontrolle des Standards	Genugtuung über Lernenden, der sich mit Motivation und Eigeninitiative entwickelt	Fragen für einen selbst, Erfüllung
Nutzen für das Unternehmen	Standardisierbares und einschätzbares Leistungsverhalten von Mitarbeitern	Zielorientiertes Leistungsverhalten, das auf die Verbesserung ausgerichtet ist und das ermöglicht, neue Probleme aktiv zu lösen	Bewußtes Hinterfragen der Ziele, Visionen und des Unternehmens

Die möglichen Dimensionen des Verhaltens eines Vorgesetzten
(Quelle: DR. R. TH. STIEFEL, 1988)

Coaching bezieht sich auf die *Einstellung* und das *Verhalten* des Mitarbeiters bezogen auf den jeweiligen Arbeitsplatz. In Anlehnung an HERSEY/BLANCHARD (1986) fokussiert Coaching somit die beiden Reifegrade:

1. Aufgabenreife
2. Psychologische Reife

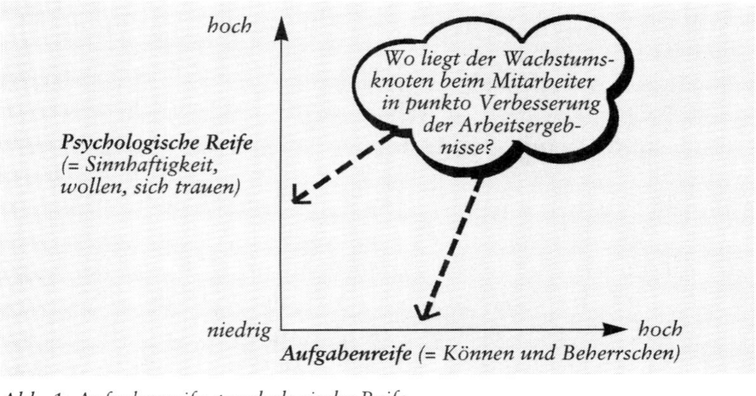

Abb. 1: Aufgabenreife, psychologische Reife

Im Rahmen der Aufgabenreife ergeben sich für das Coaching folgende relevante Fragestellungen:

- Welche Berufserfahrung hat der Mitarbeiter im Rahmen dieser Aufgabenstellung bereits erworben?
- Welches arbeitsplatzrelevante Fachwissen besitzt der Mitarbeiter bereits bzw. was benötigt er noch?
- Welches Aufgabenverständnis zeigt der Mitarbeiter?
- Wie ist seine Fähigkeit entwickelt, Probleme selbständig lösen zu können?
- Wie ist seine Fähigkeit entwickelt, um auch neu auftretende Probleme selbständig analysieren und lösen zu können?
- Wie zuverlässig ist der Mitarbeiter (Termintreue, Einhaltung von Versprechungen etc.)?
- Wie genau arbeitet der Mitarbeiter?

Im Rahmen der psychologischen Reife sind beim Coaching folgende Fragestellungen relevant:

- Wie verantwortungsbereit zeigt sich der Mitarbeiter?
- Übernimmt er gerne Verantwortung?
- Wie sieht es mit dem Leistungswillen, der Leistungsbereitschaft aus?
- Wie sieht es mit der Identifikation mit der Arbeit, mit seiner Rolle etc. aus?
- Wie ausdauernd, wie beharrlich zeigt sich der Mitarbeiter?
- Welche Einstellung zur Arbeit zeigt der Mitarbeiter?
- Wie sieht es mit der Initiative seitens des Mitarbeiters aus?
- Welches Aufgabenverständnis hat der Mitarbeiter?

Aus diesen zentralen Fragestellungen im Rahmen der Aufgaben- und der psychologischen Reife wird deutlich, daß der Coach die persönliche Kompetenz und die Fähigkeiten benötigt, mit beiden Reifegraden gezielt und effektiv umzugehen.

Bei der Coachingausbildung für die Vertriebsführungskräfte einer bayerischen Großbank, an der über 130 Personen teilnahmen, kristallisierte sich häufig eine Schlüsselfrage heraus:

„Woher soll ich denn noch die Zeit dafür nehmen?“

Dieser Frage gilt es sich im betrieblichen Coachingalltag zu stellen. Im Sinne von Peter F. Drucker gilt auch hier: Anstatt Dinge richtig zu tun, ist es effektiver, die richtigen Dinge zu tun. Somit ergibt sich als klarer Tip für den Führungsalltag: Coachen Sie engpaßorientiert!

Coaching als engpaßkonzentrierter Entwicklungsprozeß

Justus von Liebig sagte, wenn eine Pflanze vier Rohstoffe zum Wachsen braucht und ein Rohstoff fehlt bzw. in nicht ausreichendem Maße vorhanden ist, so nutzt es nichts, von den anderen drei Rohstoffen etwas dazuzugeben. Nur der Rohstoff, der den Engpaß bildet, ist der, der das Wachstum in Gang setzt. Auf das Coaching übertragen bedeutet das: Mit vielen „Schwächen“ unseres Mitarbeiters können wir gut leben und arbeiten. Auf dem Weg zum Spitzenmitarbeiter ist für uns der Engpaß bei der Aufgaben- und/oder psychologischen Reife, der Entwicklungs- bzw. Wachstumsknoten beim Mitarbeiter.

Coaching heißt somit, gemeinsam mit dem Mitarbeiter den strategisch bedeutsamen Engpaß ermitteln und einen gezielten Entwicklungsprozeß in Gang setzen, diesen gemeinsam zu kontrollieren und zu Ende bringen.

Im Grunde ist Coaching ein immer wiederkehrender gemeinsamer Entwicklungs- und Trainingsprozeß zwischen Führungskraft und Mitarbeiter nach dem Motto:

Den Betroffenen zum Beteiligten, den Beteiligten betroffen machen.

In Anlehnung an Walter Böckmann kann man sagen:

**„Wer Coaching fordert, muß Sinn bieten!"
„Wer coachen will, muß Sinn bieten!"**

Coaching ist durch folgende Merkmale charakterisiert:

- Durch Coaching wird eine Entwicklung der Person angestoßen, die in Anlehnung an Hersey/Blanchard zum einen die Aufgabenreife und zum anderen die psychologische Reife in Bezug zum jeweiligen Arbeitsplatz im Fokus hat.
- Durch Coaching soll eine dauerhafte Verbesserung der Arbeitsresultate erzielt werden.
- Coaching ist ein vertraulicher Prozeß zwischen dem Vorgesetzten und dem jeweiligen Mitarbeiter im Sinne eines Noch-Besser-Prozesses.
- Coaching ist ein engpaßkonzentrierter Entwicklungsprozeß.
- Coaching ist ein zeitlich begrenzter Prozeß, der endet, wenn das gemeinsam festgelegte Ziel zwischen Vorgesetztem und Mitarbeiter erreicht ist. Wobei durchaus nacheinander mehrere Coachingprozesse mit dem gleichen Mitarbeiter durchgeführt werden können.
- Coaching erfordert vom Vorgesetzten sowohl psychologisches Wissen, Know-how darüber, wie ein Beratungsgespräch effizient zu führen ist, als auch ein klares Aufgaben-Know-how. Nur so können einerseits Engpässe entdeckt und andererseits auch mit dem Mitarbeiter gemeinsam Wie-Pläne entwickelt werden, um eine dauerhafte Leistungsverbesserung sicherzustellen.
- Coaching ist ein gemeinsamer Entwicklungsprozeß zwischen dem Vorgesetzten und dem Mitarbeiter und kann

somit nicht verordnet werden. Zwangscoaching kann und darf es nicht geben.
- Coaching ist ein Instrument der strategieumsetzenden Personalentwicklung durch den Vorgesetzten am Arbeitsplatz.
- In der Praxis ergreift heute noch grundsätzlich der Vorgesetzte die Initiative für das Mitarbeitercoaching. Im Rahmen der lernenden Organisation sollte auch der Mitarbeiter diese Initiative übernehmen.
- Coaching bedarf eines sehr starken Vertrauensverhältnisses zwischen dem Vorgesetzten und dem Mitarbeiter. Es sollte auf einem klaren Kontrakt basieren, was mit den Erkenntnissen geschieht, die der Vorgesetzte durch den Coachingprozeß erhält.

Drei Fragen an Sie als Führungskraft

1. Welche Ihrer Mitarbeiter haben aufgrund Ihrer Coachingtätigkeit Karriere im Unternehmen gemacht?
   a. ______________________________
   b. ______________________________
   c. ______________________________

2. Wie begehrt sind Ihre Mitarbeiter im Unternehmen?
   ____
   ____
   ____

3. Wenn Sie Ihre Tantieme nur aufgrund Ihrer Coachingtätigkeit bekommen würden, wie hoch wäre sie dann?
   ____
   ____

Sie können aus diesem Buch noch mehr Nutzen für sich ziehen, wenn Sie jetzt gleich alle Ihre Fragen in punkto Coaching notieren.

Meine Fragen zum Thema Coaching von Mitarbeitern:

1.

2.

3.

4.

5.

2. *Welche Anforderungen erfüllt ein guter Coach?*

Ihre Rolle als Vorgesetzter

Ein guter Coach muß in der Lage sein, den permanenten Prozeß der Leistungs- und Kostenoptimierung ganzheitlich zu steuern und zu begleiten – er muß Manager der Veränderung und Entwicklung sein. Der alte Management- und Führungsbegriff ist mittlerweile „mega out“. Das bedeutet: Ein guter Coach muß sich zunächst einmal mit seiner neuen Rolle, mit seiner Auffassung von der eigenen Aufgabe als Vorgesetzter auseinandersetzen. In einem hochvernetzten System, wie es eine moderne Leistungsorganisation darstellt, muß er davon Abschied nehmen, der dynamische Macher und Obersteuerer zu sein, sondern muß sich zunächst einmal selbst mit der Rolle eines Trainers und Coachs identifizieren. Das bedeutet: Er ist ein hochqualifizierter Dienstleister, der als Kunden zunächst seine Mitarbeiter hat und ihnen Nutzen bringen muß. Das heißt, er muß einen Überblick haben und im Gesamtsystem sich Fragen stellen wie:

- Was brauchen meine Mitarbeiter und Mitarbeiterinnen für Qualifikationen?
- Wer muß von meinen Mitarbeitern was lernen, damit die Wertschöpfungskette noch effizienter wird?
- Was brauchen meine Mitarbeiterinnen und Mitarbeiter an Informationen, Mitteln und persönlicher Unterstützung, damit sie immer mehr die Aufgaben, die anstehen, selbstständig und erfolgreich bewältigen können?
- Und ... was kann und muß im Hinblick auf die Optimierung von Aufwand und Nutzen im Betrieb verändert werden, damit die Entwicklung und das Training von Mitarbeitern überhaupt sinnvoll und nützlich ist?

Coaching ist teuer, ein Coach muß zunächst einmal den permanenten Prozeß der Leistungs- und Kostenoptimierung ganzheitlich im Auge haben, steuern und begleiten können. Das erste ist also ein völlig neues *Rollenverständnis* als Vorgesetzter, selbst den Übergang vom „klassischen Manager“ zum „Veränderungsmanager“ zu schaffen. Nun ... wenn wir uns in den heutigen Unternehmen umsehen, dann ist dieses leichter gesagt als getan. Der Vorgesetzte in seiner neuen Rolle ist zunächst einmal „entmachtet“. Er muß lernen, sich seine eigene Angst vor der Veränderung bewußt zu machen, zu ihr zu stehen und sie in positive Energie umzuwandeln.

Er muß erst einmal selbst die Natur von Veränderung und Entwicklung verstehen und seine Grenzen, die Möglichkeiten eigener Einflußnahme realistisch einschätzen und damit umgehen. Er muß – auch wenn es zeitweise auch noch so utopisch klingt – mit JACK WELCH gesprochen, davon Abschied nehmen, nur über Zahlen zu führen. Er muß lernen, seine eigenen Werte und Zielsetzungen für sich klar zu bekommen, zu hinterfragen und auch seine Mitarbeiter über *Werte* zu führen und zu entwickeln.

Bevor man ein guter Coach seiner Mitarbeiter sein kann, ist zunächst einmal erfolgreiches *Selbst-Coaching* gefragt. Dazu gehören Selbstmanagement durch:

- Integration persönlicher und beruflicher Interessen und Ziele
- Bewußtmachen eigener Kreativitäts- und Produktivitätspotentiale
- Steigerung der Ausstrahlung und Glaubwürdigkeit durch die Entwicklung der eigenen Persönlichkeit
- Eigenmotivation
- Bewußter Umgang und Auflösung von Blockaden
- Klärung von Entscheidungen
- Kreativitätssteigerung
- Kommunikation mit Mitarbeitern und
- professionelle Kommunikation in Verhandlungen

Ein guter Coach braucht also:

- Strategische Kompetenz
- Soziale Kompetenz und
- Persönlichkeit.

Frei nach PETER F. DRUCKER (1996) muß er sich vom „Würdenträger" zum „Spielertrainer" entwickelt haben. Er muß ein Mensch aus „Fleisch und Blut" sein, der weiß, was im Unternehmen los ist, der nahe bei seinen Mitarbeitern ist, ihre Fragen aufnimmt, Orientierung vermittelt und Impulse zur Entwicklung gibt. Gleichzeitig muß er Mut machen zur Überwindung von Schwierigkeiten. Dazu gehören:

- Strategische Kompetenz als die Fähigkeit, komplexe Zusammenhänge von dynamischen Vorgängen zu verstehen und in praktisches Handeln umzusetzen
- Soziale Kompetenz: Dazu gehört nicht nur der Umgang mit dem einzelnen Mitarbeiter, sondern mit dem gesamten Team, das Verstehen der Dynamik von Gruppen
- Er muß Prozeßkompetenz haben, nämlich die Fähigkeit, Informationsprozesse, Entscheidungsvorgänge und Arbeitsschritte sorgfältig auf das Aufnahmevermögen und die Lernkurve von einzelnen und Gruppen abzustimmen. Er braucht aber auch die Chaoskompetenz, d. h. er muß mit akuten Konflikt- und Krisensituationen umgehen können, ruhig Blut bewahren und handlungsfähig bleiben.

Das ist nicht nur eine Frage der Belastbarkeit, sondern hat einfach mit Gelassenheit zu tun, einer Eigenschaft, ohne die ein guter Coach nicht wirken kann. Er braucht Persönlichkeit, er muß authentisch sein, offen, ehrlich, Selbstvertrauen und Zivilcourage besitzen, und last not least, er braucht die richtige Einstellung zu seiner Arbeit. Er kann nicht alles „im Griff" haben. Er darf nicht einfach nur um der Verbesserung willen coachen wollen, sondern muß genau hinschauen – wieder frei nach PETER F. DRUCKER – daß er jeweils das, wo wirkliche Engpässe sind, das allerwichtigste, richtig macht, um nicht mit der „Gießkanne“ in der Entwicklung seiner Mitarbeiter und seiner Teams „über alles zu gehen“. Im englischen Jargon gesprochen: A manager does things right – a leader does the right things. Das bezieht sich auch auf die Rolle des Managers als Coach seiner Mitarbeiter.

Ein Coach muß sich der Anforderung stellen, eine bisher hierarchisch geführte Organisation zu einer mitarbeiter- und teamorientierten Selbststeuerung zu entwickeln. Er darf nicht länger *im* System arbeiten, vielmehr muß er *am* System arbeiten, d. h. zunächst einmal die Stärken und Schwächen des Gesamtsystems, den Entwicklungsstand seines Unternehmens erkennen und seiner Potentiale, um auch im Rahmen eines individuellen Coachingprozesses mit zu einer Verbesserung des Systems insgesamt auf Dauer beizutragen. Wenn er weiter *im* System arbeiten würde, würde er seine Energie dafür einsetzen, das bestehende System in seinem *bisherigen* Zustand zu erhalten.

Damit kann ein Coach nicht zum Entstehen einer *lernenden Organisation* beitragen, und nur eine solche kann langfristig überleben. Als Coach muß er sich bewußt machen: Menschen lernen in erster Linie durch *praktisches Handeln,* und sie lernen dann am meisten, wenn das Vorgehen in Einzelcoaching mit dem Vorgesetzten oder noch besser, als Teamcoaching gemeinsam geplant und laufend ausgewertet wird. Der Preis dafür sind kleine Fehler und gelegentliche Pannen, doch das sind wichtige Lerngelegenheiten und damit eine Investition, die sich am Ende auszahlt.

Ein guter Coach muß ein *partnerschaftliches Lernmodell* aufbauen können: Die herkömmliche Rollentrennung zwischen Vorgesetztem und Mitarbeiter muß einer partnerschaftlichen Organisation weichen. Eine gemeinsame Reflexion muß auch im Coachingprozeß möglich sein. Außerdem gilt: Nicht der Coach kann die Verantwortung für die

Entwicklung seines Mitarbeiters übernehmen. Die Verantwortung für die Entwicklung muß beim Mitarbeiter bleiben. *Fordern und fördern, nicht verwöhnen!* Das bedeutet für einen guten Coach aber auch, sich bewußt zu machen: Wenn ich einen Mitarbeiter weiterentwickelt habe, seine Selbständigkeit und Eigenverantwortung, verstärkt dieses auf seiten des Vorgesetzten die Einsamkeit und den Verantwortungsstreß. Ein Coach, der nach dem Prinzip der Selbstverantwortung arbeitet, lebt gefährlicher!

Coaching, was ja aus dem Bereich des Sports stammt, fordert vom Coach: Die ganzheitliche konsequente Leistungsorientierung und die Bereitschaft, nicht sich selbst zu profilieren, sondern andere stark und erfolgreich zu machen. Dieser Rollenwechsel zum Coach kann nur gelingen, wenn:

- Der Vorgesetzte „keine Leichen im Keller“ hat, die ihn zwingen, seine Mitarbeiter psychologisch zu manipulieren und für eigene Zwecke zu mißbrauchen.
- Wenn er in der Lage ist, kritisches Denken gezielt zu fördern und zwar auch in bezug auf die eigene Rolle des Coachs und sein persönliches Vorgesetztenverhalten.
- Wenn er von seinen Mitarbeitern auch als kompetenter und starker Partner respektiert wird als jemand, von dem man etwas lernen kann und
- vor allen Dingen bereit ist, nicht nur an der eigenen Entwicklung Freude zu haben, sondern sich auch über die Entwicklung anderer zu freuen!

Und damit sind wir beim Punkt: frei nach CHRISTOPH LAUTERBURG* wird für immer mehr Menschen, insbesondere für die jüngere Generation, Lernen zu einem entscheidenden Merkmal eines attraktiven Arbeitsplatzes. Das gezielte Fördern individueller Entwicklung – sowohl fachlich als

* DOPPLER/LAUTERBURG „Change Management – den Unternehmenswandel gestalten“ Frankfurt/New York: Campus, 5. Aufl. 1996

auch persönlich – wird zu einer wichtigen Grundlage erfolgreicher Personalpolitik. Während früher das Lernen in Kursen und Seminaren, das Arbeiten im Betrieb stattfand, kommt es heute zunehmend zu einer Integration: Gelernt wird vor allem „on-the-job“, problem- und erfahrungsorientiert, am Arbeitsplatz. Schulungsmaßnahmen sind besser auf die Bedarfslage an der betrieblichen Front abgestimmt. Der Lerntransfer ist höher.

Damit aber wird der Vorgesetzte zu einem wichtigen Begleiter und Förderer individueller Entwicklung durch sinnvolle Delegation von Aufgaben, partnerschaftliche Zielvereinbarung, offene und auf Gegenseitigkeit beruhende Feedback-Gespräche über Leistungsergebnisse und persönliche Zusammenarbeit – aber auch durch Aufzeigen von Perspektiven für die weitere berufliche Laufbahn. *Nichts begeistert Menschen stärker als ihr eigener Fortschritt.* Wer als Vorgesetzter etwas dafür tut, hat Mitarbeiter, die ihr Bestes geben.

„Entwicklung“ wird von der jungen Generation auch nicht mehr gleichgesetzt mit „Aufstieg“. Karriere im Fahrstuhl senkrecht nach oben hat einiges von ihrem früheren Glanz verloren. Junge Leute wägen Vor- und Nachteile kritischer ab und bewerten sie zum Teil anders. Macht und Sozialprestige haben nicht mehr den gleichen Stellenwert. In Zeiten des Leanmanagements, des Outsourcing, des Reengineering findet Führung nicht mehr nur aus hierarchischen Positionen heraus statt.

Qualifizierte Fachfunktionen, richtig wahrgenommen, sind oft mit gewaltigen Einflußmöglichkeiten verbunden. Dies aber bleibt: Entwicklungsgespräche im Rahmen von Coaching erfordern viel Zeit und Energie. Jeder Mitarbeiter muß seinen individuellen Fähigkeiten und seiner persönlichen Lernkurve entsprechend gefördert werden. Überforderung kann genauso zu Störungen oder Blockaden führen wie Unterforderung. Neue Aufgaben und Einsatzmöglichkeiten müssen gefunden oder geschaffen werden. Coaching ist eine „never ending story“ – im lernenden Unternehmen ein permanenter Prozeß.

Überraschender Karriereknick

Da gibt es eine Geschichte aus dem Buch „Die neuen Chefs“ von D. Quinn Mills (1988). In optimistischer Stimmung betrat Jack Simpson das Büro des Executive Vice President (EVP). Sein Chef war gerade befördert worden, so daß auf der Ebene des Division Vice President eine Position frei geworden war. Jack, der stellvertretender Division Manager war und für die größte Produktgruppe verantwortlich zeichnete, war sicher, daß er die Stelle bekommen würde. Seine Karriere war von raschen Beförderungen gekennzeichnet. Nur selten hatte er eine Position länger als 18 Monate innegehabt, und er konnte eine Reihe von Erfolgen verbuchen. Für ihn war die Tatsache, daß seine Nachfolger stets schlechtere Betriebsergebnisse hatten als er, ein Beweis für sein überragendes Können.

Doch das Gespräch nahm einen ganz anderen Lauf, als Jack erwartet hatte. Als erstes stellte der EVP eine Frage: „Nennen Sie drei Leute, die heute auf Ihrer Ebene oder auf einer höheren Ebene stehen, weil Sie sich mit ihnen beschäftigt haben.“ Nach einer Pause, in der Jack voller Unbehagen herauszufinden versuchte, ob der EVP seine Frage ernst meinte, antwortete er: „Ich kann niemanden nennen.“ „Jack“, sagte der EVP, „Sie haben gute Arbeit für diese Firma geleistet. Was Sie persönlich getan haben, war erfolgreich. Die Abteilungen, die Sie leiten, haben gute Leistungen vorzuweisen. Aber sie zeigen keine guten Leistungen mehr, nachdem Sie sie verlassen haben. Der Faktor, der das Wachstumspotential unseres Unternehmens begrenzt, sind gute Manager.

Es gibt keine wichtigere Aufgabe, als gute Leute zu finden und zu entwickeln. Die Zahlen sind nicht das Wichtigste; es geht um die Qualität der Leute. Mein wichtigstes Kriterium bei der Beurteilung von Führungskräften ist ihre Fähigkeit, Mitarbeiter zu beurteilen und zu entwickeln." Der EVP ging an einen Flip-Chart und zeichnete eine Matrix. Auf der einen Seite schrieb er: „Der Einzelbeitrag eines Managers", auf der anderen: „Fördert Untergebene und entwickelt die Fähigkeiten der Organisation". Dann wandte er sich zu Jack und zeigte die obere linke Ecke des Kastens. „Sie sind hier, Jack", sagte er, „ich brauche ausgewogenere Leute."

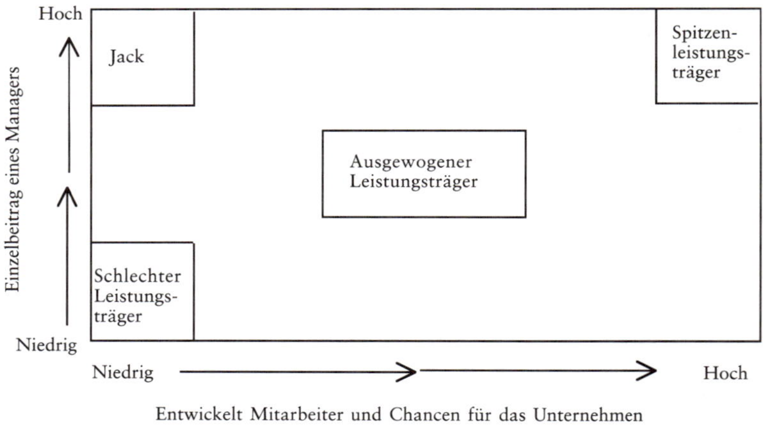

Abb. 2: Leistungsträger

„Und das", schloß der EVP, „ist der Grund dafür, daß wir Sie nicht befördern. Sie haben zu sehr auf die Karriereleiter geschielt und es dabei versäumt, den Nachwuchs für dieses Unternehmen zu entwickeln."

Enttäuscht und verwirrt verließ Jack das Büro des EVP und machte seinem Ärger Luft: „Warum zum Teufel hat er mir das nicht fünf Jahre früher gesagt?" Nun – aufgrund dieser Geschichte wissen wir, wie es nicht geht.

In den vergangenen Jahren hat sich bereits viel geändert und zum Positiven hin entwickelt. Als wir vor etwa zehn Jahren für eine namhafte deutsche Großbank im Firmenkundenbereich Führungskräfte-Entwicklung machten, haben wir eine Checkliste verwendet. Diese diente einer Grundsatzdiskussion. Im folgenden finden Sie einige Grundaussagen daraus und die Möglichkeit, selbst festzulegen, welche Einstellung Sie derzeit haben.

Checkliste: Grundeinstellungen eines Coachs

	Stimme zu	Stimme nicht zu
1. Jeder Mensch hat alle nötigen Fähigkeiten und Erfahrungen, gewünschte Entwicklungen zu erzielen. Es ist nützlicher, mit diesen Stärken und positiven Seiten eines Menschen zu arbeiten, anstatt zu versuchen, seine Schwächen zu bekämpfen.		
2. Jeder Mensch ist einzigartig. Ich muß meinem Mitarbeiter Gelegenheit geben, seine besonderen Fähigkeiten zu entwickeln, anstatt ihm ein Idealbild vorzugeben und ihn mit Tricks und Techniken anzutreiben, dieses Bild zu verwirklichen.		
3. Jedes Verhalten meines Mitarbeiters hat eine positive Absicht und einen bestimmten Nutzen		

	Stimme zu	Stimme nicht zu
für ihn oder sein Team. Hätte er bereits eine andere Verhaltensalternative, dann hätte er sie mit großer Wahrscheinlichkeit auch benutzt. Das gilt auch für Verhalten, das jemand bei sich und anderen als „Fehler“ bezeichnet. Es ist sinnvoller, die verborgene Absicht herauszufinden und mit anderen Mitteln zu befriedigen, anstatt den Fehler ausmerzen oder den Störenfried beseitigen zu wollen.		
4. Die meisten Menschen sind bereit, dazuzulernen, wenn ich ihnen zeige, daß neues Wissen und Verhalten sie auch reicher macht (Die Frage nach dem Sinn.). Zu Recht leisten Mitarbeiter aber offen oder versteckt Widerstand, wenn sie sich verändern „sollen“ bzw. „müssen“. Ich muß Nutzen bieten, dann kann ich Nutzen ernten.		
5. Jedes Verhalten meines Mitarbeiters inklusive seiner Argumente und Einwände ist ein Feedback für mein eigenes Verhalten. Wenn ich von meinem Mitarbeiter eine andere Reaktion bekomme als die, die ich mir wünsche, habe ich nichts davon, wenn ich mir klarmache, daß der andere „nicht will“. Das		

	Stimme zu	Stimme nicht zu
Verhalten des Mitarbeiters ist ein Hinweis darauf, flexibel und kreativ neue Möglichkeiten zu suchen, mich selbst anders zu verhalten bzw. anders zu argumentieren, denn meinen Mitarbeiter kann *ich* nicht ändern.		
6. Je genauer ich mit all meinen Sinnen wahrnehmen kann, desto eher habe ich die Möglichkeit, angemessen und erfolgreich auf meine Mitarbeiter zu reagieren.		
7. Ich arbeite effektiver, wenn ich den Blick auf das gewünschte Ziel richte und meine Kraft dafür einsetze, anstatt rückwärts zu schauen und die Ursachen von vergangenen Problemen zu bekämpfen. Je klarer mir mein Ziel ist, desto stärker wirkt es als Motor für die Entwicklung meines Mitarbeiters. Also: Was soll sein, wie soll es aussehen, was will ich erreichen? Oder noch besser: Was wollen wir gemeinsam erreichen? Statt: Was will ich nicht mehr, wie soll es nicht sein ...?		
8. Die Richtung einer sinnvollen Entwicklung geht dahin, Neues zu integrieren und Vertrauen ins eigene Wachstum, in die eigene Problemlösungsfähigkeit etc.		

	Stimme zu	Stimme nicht zu
und das der anderen zu stärken – anstatt eine möglichst perfekte Beherrschung und Kontrolle auszuüben.		
9. Ich muß meinem Mitarbeiter auch das Recht lassen, „altes vertrautes“ Verhalten zu behalten und selbst „situativ“ darüber zu entscheiden, welches Verhalten er jeweils einsetzen will.		
10. Nicht nur die Kräfte des Verstandes sind einzusetzen, sondern auch die Kräfte des Gefühls und des Körpers; nicht nur die bewußten Fähigkeiten, sondern auch die unbewußten Fähigkeiten und Stärken.		

Nun – wie oft haben Sie den Aussagen zugestimmt? Wo haben Sie widersprochen? Die Lösung ist – ganz einfach. Im Sinne des erfolgreichen Coachings sind alle Aussagen wichtig und richtig.

Voraussetzungen für gutes Coaching

Nach Stiefel (1996) sind folgende Anforderungen vom Vorgesetzten zu erfüllen, damit Coaching funktioniert:

- Er muß bereit sein, mit seinen Mitarbeitern einen Entwicklungsprozeß einzugehen und Zeit in die Führungsarbeit zu investieren.
- Dazu gehört auch die Grundhaltung bei einem Vorgesetzten, daß Mitarbeiter grundsätzlich entwicklungs- und

veränderungsfähig sind und ihre Entwicklung auch von der Veränderungsmotivation abhängt, die ein Vorgesetzter beim Mitarbeiter erzeugen kann.

- Der Vorgesetzte muß sich und seinen persönlichen Stil, sowie seine Stärken und Schwächen kennen, um zu wissen, wie er in bestimmten Situationen auf den anderen wirkt, und damit er auf seine emotionalen Reaktionen achten kann. Kurz, er muß im Sinne der inzwischen fast allen bekannten Transaktionsanalyse seine Energie gleichmäßig verteilen und sich „erwachsen“ verhalten können, gleichzeitig aber auch kontaktfähig sein. Der Vorgesetzte als Trainer seiner Mitarbeiter, als Coach, muß sich auch mit dem veränderten Rollenverständnis des Trainings auseinandersetzen. Der Trainingsbegriff ist sehr unterschiedlich, je nach Einstellung und Sichtweise. Während psychologisch Eingestellte mehr den Menschen in den Mittelpunkt stellen und Training in den Dienst der Persönlichkeitsentwicklung, haben Gruppendynamiker mehr die soziale Beziehung im Mittelpunkt. Andere Trainerverständnisse sind, sich auf „Wissen“ und „Können“ zu konzentrieren. Ein Vorgesetzter, der sich als Organisationsentwickler versteht, sieht Training eher als Instrument von Verflüssigung von Organisationen an. Dabei bleibt die Frage ungeklärt, was die spezifische Aufgabe eines Coachs als Trainer ist, ob der Arbeitsgegenstand die „Persönlichkeit“, die „Gruppe“, der „Lehrstoff“ oder die „Organisation“ ist.
- Der Vorgesetzte als Trainer und Coach seiner Mitarbeiter muß sich auch vom traditionellen Verständnis von Training und folgenden Annahmen lösen: (1) Wissen ist nicht von einem Kopf in den anderen übertragbar; (2) Lernen kann vom Trainer nicht geplant und „Wissen und Können“ kann nicht erzeugt werden; (3) Trainieren ist kein gradliniger Input/Output-Vorgang vom Coach als Wissendem zum nichtwissenden Mitarbeiter; (4) Wissen und Können sind nicht von einem „Sender“ zu einem „Empfänger“ übertragbar; (5) Wissen und Können können nicht beliebig hergestellt und produziert werden.

Vielmehr muß der Vorgesetzte als Trainer seiner Mitarbeiter Wissen und Können immer wieder von Neuem aufbauen und konstruieren. Seine Coaching-Aufgabe ist es, genau das zu tun, was eigentlich nicht geht: in einem anderen lebenden System – seinen Mitarbeitern – Veränderungen (Lernen) zu erzielen und dort Wissen und Können zu „erzeugen". Ein Vorgesetzter als Coach seiner Mitarbeiter muß sich mit systemischen Gegebenheiten auseinandersetzen, er muß ein *systemisches Modell* von Training und Coaching entwickeln. Dabei muß er sich bewußt machen: Organisationen können ohne Menschen, die durch ihr Verhalten die Aufrechterhaltung der Organisation gewährleisten, nicht leben. Die Menschen in der Organisation stellen gleichsam das von der Organisation benötigte Verhalten zur Verfügung. Aber ... die Organisation ist vom einzelnen Individuum weitgehend unabhängig.

Und – was ein Coach auch berücksichtigen muß: nicht jedes Verhalten von Personen ist für den Erfolg einer Organisation relevant. Aus der Organisationsperspektive sind die einzelnen Menschen in der Organisation in ihrer jeweiligen Rolle die Adressaten von bestimmten Verhaltens- und Leistungserwartungen. Die jeweils gebündelten Erwartungen sind als „professionelle Rolle" zu definieren.

Diese professionelle Rolle des einzelnen konkretisiert sich dann in seinem professionellen Verhalten bezogen auf die Anforderungen, die die *Rolle* an ihn stellt. Nun ist aber folgendes Tatsache: Menschen sind lebende Systeme und sie verhalten sich unberechenbar, unplanbar, unsteuerbar. Sie entscheiden autonom und reagieren individuell auf Ereignisse ihrer Umwelt. Es stehen mannigfaltige Möglichkeiten offen.

Organisationen sind ebenfalls lebendig und daher Systeme, die in ihren Operationen möglichst nicht gestört werden wollen. Eine Organisation legt wenig Wert auf die Vielfalt möglicher Verhaltensweisen der Mitarbeiter. Die jeweilige *Rolle* schreibt das *Verhalten* vor. Damit eine Organisation funktioniert, wird vom einzelnen Mitarbeiter erwartet, sich planbar und berechenbar zu zeigen. Ein erfolgreicher Vorgesetzter als Trainer und Coach seiner Mitarbeiter muß also *professionelles Verhalten* beim Mitarbeiter *im Rahmen der jeweiligen Rolle* herbeiführen. So, daß er auf die unterschiedlichen beruflichen Situationen und Anforderungen in einer vorhersehbaren und wünschenswerten Weise reagiert. Coaching muß also auch die Befähigung umfassen, aus möglichen Verhaltensalternativen *die jeweils professionell gewünschte Auswahl* zu treffen und die erwarteten individuellen Fähigkeiten und Fertigkeiten der Organisation zur Verfügung zu stellen. Dieses professionelle Verhalten, das ein Coach mit beeinflussen und erzeugen muß, ist praktisch die Nahtstelle von Person und Organisation. Ein erfolgreicher Coach, der seine Mitarbeiter entwickeln möchte, muß so arbeiten, daß sein Coaching und Training eine *strukturelle Koppelung von Person und Organisation* darstellt, was nur über das jeweilige dem Anforderungsprofil entsprechende professionelle Verhalten möglich ist.

Wenn man im Rahmen des systemischen Ansatzes die Organisation und die Personen darin als Lebenseinheit ansieht, so findet der Vorgesetzte als Trainer und Coach seiner Mitarbeiter seinen professionellen Standort genau an der Nahtstelle von der Einzelperson und der Organisation. Das ist ein abstraktes und nicht sehr anmutendes Denkmodell. Trotzdem muß ein Coach sich bewußt sein, daß er an dieser Nahtstelle arbeiten und beide Kontexte berücksichtigen muß.

Frei nach RUTH SELIGER „Wie systemisches Denken Lernen in Organisationen verändert“ (Zeitschrift „Organisationsentwicklung“ Heft 1/97) läßt sich das anhand der einzelnen Interventionsebenen in folgender Grafik darstellen:

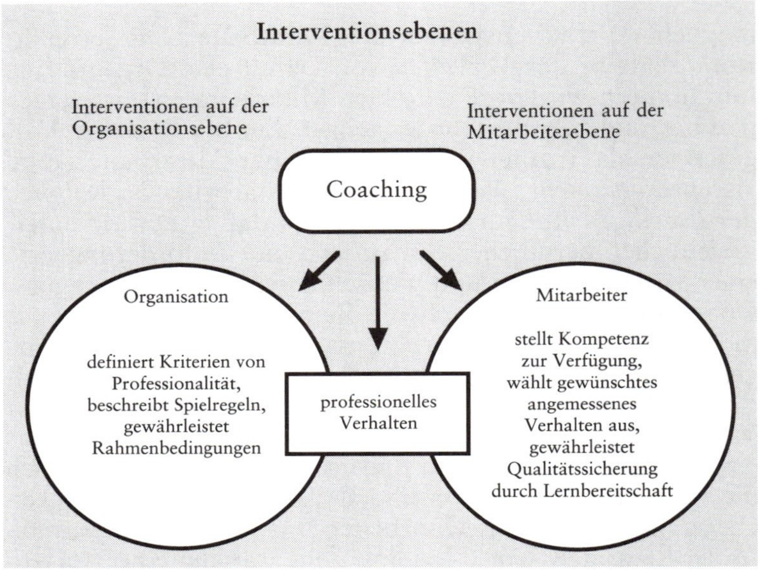

Abb. 3: Interventionsebenen

Das heißt also: Der Vorgesetzte als Trainer und Coach seiner Mitarbeiter ist nicht als Berater auf die Unterstützung von Problemlösungsprozessen fixiert, sondern sein trainerisches Handeln ist auf die Unterstützung bei der *Lösung von Qualifikationsproblemen* gerichtet. Die Interventionen können in einigen Bereichen durchaus ähnlich sein, der Focus ist ein unterschiedlicher. Das bedeutet: Der Vorgesetzte als Coach und Trainer seiner Mitarbeiter muß als Prozeßbegleiter während des Coaching-Prozesses mit system-trainerischen Interventionen an der Koppelung der individuellen Lernprozesse mit den organisationalen Prozessen arbeiten.

Entscheidend sind dabei klare Kontrakte und Vereinbarungen, damit die Organisation auch einen Nutzen von dieser Aktivität hat. Aus systemischer Sicht bedeutet Lernen und

Entwicklung Aktivität eines lebenden Systems. Der Coach muß für die Aktivität seines Mitarbeiters sorgen, dafür sorgen, daß das Lernen nicht behindert wird und daß die Koppelung des „lebenden Systems Mitarbeiter" mit seiner organisationellen Umwelt stattfinden kann.

Systemische Coaching-Techniken

Eine systemische Sicht über das Lernen verändert die Entwicklungs- und Coaching-Praxis. Ein Coach, ein Vorgesetzter als Trainer seiner Mitarbeiter, kann keine Lernprozesse „erzeugen", Wissen weitergeben und Lernergebnisse „prüfen". Seine besondere Leistung liegt vielmehr darin, Situationen zu schaffen, in denen soviel, sowenig und so angemessene Störung möglich ist, daß sein Mitarbeiter selbst angeregt wird, Wissen zu konstruieren und mit seinem Verhalten zu experimentieren. Der Coach muß die Kunst beherrschen, seinen Mitarbeiter selbst in eine Position zu bringen, aus der heraus er sein Verhalten beobachten kann und auch diese „Beobachtungen beobachten" kann, also reflektieren kann. Er braucht andere Tools als bisher. Dabei geht es im Schwerpunkt um vier Beobachtungsrichtlinien im Coaching/Training der Mitarbeiter:

Die Beobachtung der eigenen Wirklichkeitskonstruktionen. Das bedeutet die inneren Landkarten oder Wirklichkeitskonstruktionen des Mitarbeiters bewußt zu machen und Veränderungen auf der Verhaltensebene dadurch möglich zu machen, daß dieses Verhalten beobachtet und reflektiert werden kann. Es geht also vor allem um die Kunst, den Mitarbeiter in eine Position zu bringen, aus der er selbst sein Verhalten beobachten und gleichzeitig reflektieren kann. Dazu muß der Coach in der Lage sein, gewisse systemische Techniken zu beherrschen, wie z. B. zirkuläre Fragen, Reflektionsmethoden, Systemaufstellungen – dabei kann er auch Rollenspiele einsetzen.

Zurückkommend auf die Grundeinstellungen in unserer Checkliste (Seite 21) muß der Coach in der Lage sein, die beiderseitigen Beobachtungen mit den Wirklichkeitskonstruktionen und dem jeweiligen eigenen Verhalten zu koppeln. Denn Ausgangspunkt ist die Annahme, daß jedes Handeln einen guten Grund und damit für die einzelne Person Sinn hat. Es heißt also, diesem guten Grund nahezukommen, denn die „innere Landkarte“ und das Verhalten des Mitarbeiters sind natürlich verkoppelt. Wichtig für den Mitarbeiter ist es, zu beobachten, in welcher Art und Weise seine eigenen Annahmen sein Verhalten steuern. Er kann dann entscheiden, ob und inwieweit er diese Verhaltensweise beibehalten oder verändern will. Zugleich erhält er Rückschlüsse auf seine eigenen inneren Landkarten.

Bei der Coachingausbildung von Führungskräften im Vertrieb eines namhaften Lebensmittelkonzerns stellten sich z. B. vermehrt folgende „innere Landkarten“, d. h. Annahmen über die Mitarbeiter sowohl im Telefonverkauf als auch im unmittelbaren Kundenkontakt heraus: „Unsere Mitarbeiter können mit den veränderten Umständen einfach nicht umgehen. Sie sind im Grunde genommen nur bessere Merchandiser. Seitdem die Listung der Artikel zentral erfolgt, sind sie eigentlich überflüssig geworden.“

Mit dieser Wirklichkeitskonstruktion konnte keiner der Führungskräfte eine kundennutzenorientierte Verhaltensänderung bei seinen Mitarbeitern erzeugen. Man blieb einfach im alten System stecken und guckte nicht über den Tellerrand. Erst als den Führungskräften ihre eigene begrenzte Denkweise bewußt wurde und sie selbst die Innovationssperren in ihren Köpfen, in ihren „Landkarten“ entdeckt hatten, war der Weg frei für Veränderung geworden. Nun konnte untersucht werden, welche Rolle eigentlich für ihre Mitarbeiter in der neuen Situation entstanden war und wie sie professionell damit umgehen sollten. In der alten Rolle des Merchandisers hatte der Außendienstmitarbeiter wirklich ausgedient und wenn man ihm Mut machte, mit dem Marktleiter möglichst oft und intensiv zu sprechen, tat man „mehr desselben“ wie bisher, anstatt auf die veränderte Situation einzugehen.

Als auch den Führungskräften deutlich war, daß sie sich selbst zuerst einmal die Landkarten, die veränderten Rollen bewußt machen und auch den Mitarbeitern helfen mußten, ein neues Rollenverständnis zu entwickeln, war der Weg frei für eine echte, den veränderten Verhältnissen erforderliche Verhaltensänderung. Die Änderung zielte darauf ab, Unternehmensberater der Kunden zu sein, kreativ mit den Kunden Nischen und Marktpotentiale auszuloten, Aktionen zu überlegen, die die Umsätze vor Ort steigern konnten und nicht am alten Klischee festzuhalten. Hier waren die Führungskräfte als Coach ihrer Mitarbeiter gefordert, den Bezugsrahmen zu erweitern und zu verändern, eine permanente Fokussierung auf die Außenperspektive zu erreichen im Sinne von „Beobachten von außen“.

Diese neue Beobachtungsperspektive bringt sowohl der Führungskraft als Coach als auch dem Mitarbeiter eine unerwartete Erkenntnis: Sie entdecken Handlungsmöglichkeiten, die vorher gar nicht wahrnehmbar waren und damit zugleich auch den jeweiligen Teil an Verantwortung für die Gestaltung von Prozessen und Situationen. Das bedeutet aber, daß der Vorgesetzte mit seinen Mitarbeitern an konkreten Arbeitssituationen arbeiten muß, an denen sich Organisation und Personen begegnen.

Nur wenn es dem Vorgesetzten gelingt, die *Entwicklung der Mitarbeiter als gemeinsame Aufgabe* zu definieren, wenn Arbeit und Lernen in der Organisation zusammenrücken, dann ist der Nutzen für die Organisation beachtlich. Nur dann kann man auch von einer lernenden Organisation und Coaching als Weg dorthin sprechen.

Je mehr eine Führungskraft als Coach und Trainer der Mitarbeiter den zehn Aussagen unserer Checkliste zustimmen kann, desto eher ist sie in der Lage, ein effektiver Coach ihrer Mitarbeiter zu sein. Sie hat dann eine realistisch positive Einstellung zu sich, ihrer Rolle, dem Unternehmen und der Rolle ihres Mitarbeiters im Unternehmen.

Dabei ist der Ziffer 6 der Checkliste, in der es um die Wahrnehmung mit den daraus resultierenden Fragemöglichkeiten geht, ein entscheidender Spielraum einzuräumen.

Warum eigentlich fragen? Wir Menschen nehmen mit unseren Sinnesorganen (Augen, Ohren, Fühlen etc.) Eindrücke der Außenwelt auf und speichern sie. Diese Erfahrungen sind genau, vollständig und unverzerrt (= Tiefenstruktur). In dem Augenblick allerdings, wo wir dieses sinnesspezifische Erleben in unsere inneren Landkarten und Sprache umsetzen oder in einer sprachlichen Form verarbeiten, Erfahrungen zur Grundlage unseres praktischen oder sozialen Verhaltens machen, kommen Umformungen der eigentlichen Erfahrung zustande, die dann durch Lücken, Verallgemeinerungen, Verzerrungen vom sinnesspezifischen Erleben abweichen (= Oberflächenstruktur).

Fragen dienen dem Gefragten dazu, sich möglichst wieder seine konkrete und unverzerrte Wahrnehmung zugänglich zu machen, um die Grundlage für die Problemlösung zu schaffen. Die Tiefenstrukturen werden durch Denkprozesse oder psychologische Prozesse in Oberflächenstrukturen umgewandelt.

Wenn Menschen anderen ihre Probleme mitteilen, so tun sie dies in der Oberflächenstruktur, d. h. ihre Mitteilungen enthalten Tilgungen, Generalisierungen und Verzerrungen.

Es ist Aufgabe eines Coachs/Trainers, die sachlichen Darstellungen auf die konkreten, vollständigen, unverzerrten Erfahrungen zurückzuführen, weil manchmal schon in den Tilgungen, Generalisierungen und Verzerrungen das eigentliche Problem oder seine Ursache liegen.

Im folgenden einige Beispiele für den Umgang mit Tilgungen, Verzerrungen, Generalisierungen und der entsprechenden Fragetechnik:

Ich bin aufgeregt!	Aufgeregt über was?
Meine Frau sagte, sie fürchte sich!	Sagte wem? Fürchte sich vor wem? Vor was?
Ich mag keine selbstgerechten Menschen!	Selbstgerecht worüber?
Sie nahm sich das Beste!	Das Beste von was?
Das gefällt mir weniger gut!	Weniger als was?
Erstaunlicherweise hört sie auf, “X” zu tun!	Erstaunlich für wen?
Sie vermied es peinlichst, mich anzusehen!	Peinlich für wen?
Einem Kollegen sollte man nicht widersprechen!	Was würde passieren, wenn Sie dies täten?
Konflikte sollte man vermeiden!	Was würde passieren, wenn Sie sie nicht vermeiden?
Ich kann meinen Kunden nicht verstehen!	Was hindert Sie daran, Ihren Kunden zu verstehen?
Ich kann meinem Kollegen nicht verzeihen!	Was hält Sie davon ab, ihm zu verzeihen?

Eine andere Entwicklungsbremse sind sogenannte *Nominalisierungen.*

Wenn etwas, was ein Prozeß ist, als abstraktes Hauptwort dargestellt wird, wird es verdinglicht, verfremdet und der eigenen Kontrolle entzogen.

Die Angst lähmt mich!	Was ist es, was Sie ängstigt?
Ich habe Hoffnung!	Worauf hoffen Sie?
Die Entscheidung X bedrückt mich!	Wie könnten Sie sich evtl. anders entscheiden?
	Was würde passieren, wenn Sie sich anders entscheiden würden?*

Gute Hilfen in Coaching und Training von Mitarbeitern bieten auch sog. *Zielbestimmungsübungen* unter Einsatz der Wahrnehmungsfähigkeit. Mit Hilfe sinnlich wahrnehmbarer Merkmale lernt der Coach/Vorgesetzte bei seinen Mitarbeitern Problemzustände, Zielzustände und Ressourcenzustände zu erkennen und wahrzunehmen. Erst dann macht es Sinn, im Rahmen des Coachings mit *klaren Zielbestimmungen* zu arbeiten. Dabei muß er folgende Zustände unterscheiden lernen:

Der Problemzustand

In diesem Zustand befindet sich mein Mitarbeiter, wenn er sich an eine Situation erinnert, die nicht zu seiner Zufriedenheit abgelaufen ist. Bevor man mit einem Mitarbeiter arbeiten kann, muß man ihn erst aus diesem Zustand herausholen, denn im Problemzustand fällt dem betreffenden Mitarbeiter nichts zur Problemlösung ein.

* nach Sabine Stritch, Nachbereitungsunterlage vom November 1996 zum dta-Seminar „NLP-Praxis speziell für Führungskräfte und Trainer“.

Der Zielzustand
Sobald sich jemand bewußt macht, was er in einer Problemsituation erreichen möchte und sich diese Zielerreichung sinnlich konkret vorstellt, zeigt er den Zielzustand. Dieser Zustand muß immer erarbeitet werden, weil er dazu dient, zu zeigen, wann das Ziel der Veränderungsarbeit erreicht ist und die Arbeit beendet werden kann.

Der Ressourcenzustand
In diesem Zustand befindet sich ein Mitarbeiter, wenn er in der Lage ist, für eine bestimmte Situation Erfahrungen, Kenntnisse, Fähigkeiten, Kräfte, Mittel und Wege zugänglich zu machen, mit deren Hilfe er sein Ziel erreicht.

Der Mischzustand
Man sieht diesen Zustand, wenn wir Veränderungsarbeit leisten. Wenn ein Mitarbeiter sich vorstellen kann, wie er eine Fähigkeit in einer Problemsituation anwendet, ist er in einem Mischzustand von Problem- und Ressourcenzustand. Dieser Mischzustand ist ein Anzeichen dafür, daß die Veränderungsarbeit erfolgreich war. Voraussetzung für jeden Coachingerfolg ist die Fähigkeit des Vorgesetzten, seinen Mitarbeiter zu einer klaren Zielbestimmung zu führen.

Dabei gelten folgende Schritte:

Problem bestimmen	Denken Sie bitte an eine Situation in Ihrer Praxis, wo etwas nicht so gut gelaufen ist.	Problem
Problem näher bestimmen		
Situation	Wo befinden Sie sich da? Wie ist da Ihre Körperhaltung?	Problem
visuell	Was sehen Sie in dieser Situation?	Problem
auditiv	Wenn Sie sich da so sehen, was hören Sie?	Problem

kinästhetisch = fühlen	Während Sie das alles so sehen, und hören, was fühlen, begreifen Sie da?	Problem
olfaktorisch = riechen und schmecken	Gibt es dabei auch einen Geruch oder Geschmack? Was riechen, was schmecken Sie?	Problem
In die jetzige Situation zurückholen	Wie spät ist es (oder eine andere banale Frage)?	Trennung
Ein konkretes Praxisziel bestimmen (Achtung, das muß der Mitarbeiter selbst tun)	In dieser Situation, was wollen Sie künftig anstatt? Was ist Ihr Ziel? Was wollen Sie erreichen?	Ziel
Zusammenhang bestimmen	Stellen Sie sich vor, Sie haben Ihr Ziel erreicht, wie werden Sie sich wo, wann, in welcher Situation, wem gegenüber, wie verhalten?	Ziel
Ziel sinnesspezifisch bestimmen (das Ziel muß - selbst initiierbar - positiv formuliert und - schnell überprüfbar sein)	Woran werden Sie erkennen, daß Sie Ihr Ziel erreicht haben?	Ziel
Ziel selbst initiierbar machen	Was können Sie lernen, um Ihr Ziel besser zu erreichen?	Ziel
Ziel schnell überprüfbar machen	Woran können Sie ganz früh erkennen, daß Sie auf dem richtigen Weg zum Ziel sind?	Ziel
Physiologien überprüfen	Bitte gehen Sie nochmals in die Problemsituation und prüfen Sie, wie es ist, wenn Sie Ihr Ziel erreicht haben.	Problem
Kurz-Reframing (Eingrenzen der Situation)	Überlegen Sie drei Situationen, in denen Sie lieber Ihr altes Verhalten behalten wollen....	Versöhnung

Das Ganze läuft intern ab, der Vorgesetzte dringt *nicht* in die Intimspäre des Mitarbeiters ein und nimmt nur wahr, wie die Physiologien jeweils sind.

Diese Übung kann man durch das sog. *Penetrance-Modell* vertiefen. Es erweitert die Zielbestimmung noch um die Ressourcen, die ein Mensch hat, um sein Ziel zu erreichen und um diese Ressourcen zu integrieren.

Suche nach Ressourcen
„Sie haben in Ihrem Leben vieles gelernt, viele Erfahrungen gemacht, Fähigkeiten erworben.Welche von all diesen Erfahrungen, Kenntnissen und Fähigkeiten können Sie benutzen, um in Ihrem Problem zum Ziel zu kommen?“ (Bitte mindestens drei Fähigkeiten vom Mitarbeiter sammeln lassen!)

Integration jeder der gefundenen Ressourcen
„Nehmen Sie Ihre erste Fähigkeit, und gehen mit Ihr in die Problemsituation hinein. Erleben Sie, wie Sie mit der Fähigkeit Ihr Ziel erreichen.“
„Stellen Sie damit sicher, daß Sie sich im Zusammenhang mit dem Problem an diese Fähigkeit erinnern.“ (Alle drei Fähigkeiten einbauen).

Kurzreframing
„Vielleicht gibt es Situationen, in denen Sie lieber die alte Fähigkeit benutzen wollen.“ (Versöhnungsphysiologie muß kommen).

Ökologie-Check
„Überlegen Sie drei negative Konsequenzen, die es für Sie geben könnte, wenn Sie Ihr Ziel erreichen.“
„Lassen Sie sich jeweils eine Idee einfallen, um mit diesen negativen Konsequenzen gut umzugehen bzw. ihnen vorzubeugen.“
„Stellen Sie sich für jede Idee eine Situation vor, in der Sie anfangen werden, sie in die Tat umzusetzen.“

Future-Pace
„Stellen Sie sich vor, Sie kommen wieder in eine solche Problemsituation, wie wird das sein?" (Mischphysiologie muß kommen).

Aufgabe	**Frage**	**Physiologie**
Konsequenzen abfragen (Ökologie-Check)	Stellen Sie sich vor, Sie haben Ihr Ziel nicht erreicht, können sich daraus negative Konsequenzen ergeben in Ihrem Berufs- oder Privatleben?	Körperhaltung muß symmetrisch sein
Umgang mit Konsequenzen (Ökologie-Check)	Was können Sie tun, damit solche negativen Konsequenzen nicht eintreten?	Körperhaltung muß symmetrisch sein*

Es ist spannend, zu sehen, wie Menschen innerhalb von Minuten ihre inneren Landkarten entdecken und neu gestalten können.

Zusammenfassung

Einen guten und erfolgreichen Coach zeichnet aus, daß er auf die *Lösung* von Problemen orientiert ist, den Blick auf die Zukunft, auf *mögliche Optionen* lenkt und mit dem Mitarbeiter daran arbeitet, die Lösungen herauszuarbeiten. Ein guter Coach würde sich niemals auf das Problem fixieren und erklären, warum ein Problem entstanden ist. Ein effektiver Coach erkennt, daß sich die meisten Probleme aus der Lösung definieren. Er kennt auch einen anderen Zusammenhang, nämlich den, zwischen der Lösung und

* nach Sabine Stritch, Nachbereitungsunterlage vom November 1996 zum dta-Seminar „NLP-Praxis speziell für Führungskräfte und Trainer".

der Nicht-Lösung und dem darin bestehenden Unterschied. Ein guter Coach hat die Strategie, gemeinsam mit dem Mitarbeiter die Lösung darzustellen, sich klar zu machen, den daraus sichtbar werdenden Unterschied in kleine Teilchen zu zerlegen und damit „bewältigbar" zu machen. Er hat das Menschenbild aus unserer Checkliste, nämlich, daß sowohl im personalen als auch im organisationalen System genügend Ressourcen für die Verbesserung der Situation vorhanden sind und nur *die* Fähigkeiten aktiviert werden müssen, die aus der Situation herausführen.

Ein guter Coach glaubt, wie ein Coach im Sport, an die Ressourcen und an die Fähigkeiten seines Mitarbeiters.

Bitte überlegen Sie im folgenden zu Ihrer konkreten Arbeitssituation:

- Wie intensiv vertraue ich und an welche Fähigkeiten meiner Mitarbeiter glaube ich?
- Was unternehmen Sie, daß all diese Ressourcen wirklich zum Tragen kommen?

Im folgenden Kapitel werden Sie sich mit den verschiedenen Coaching-Stilen einer Führungskraft befassen. Dabei können Sie Ihren eigenen Coaching-Stil entwickeln, d. h. ein „sozialer Architekt" der beteiligten Systeme Mensch und Organisation werden, um Ihre Mitarbeiter im Arbeitsumfeld wirklich erfolgsorientiert zu entwickeln und zu führen. Mit diesem systemischen Denken vermeiden Sie unnötige Irritationen und Mißverständnisse.

3. *Welche Verhaltensweisen unterstützen den Coachingprozeß?*

Führungsstil und Menschenbild

Welche Coaching-Verhaltensweise ist denn nun die richtige?

Mit dieser Frage kommt man in der täglichen Arbeit nicht weiter. Auch hier wird es keine Patentrezepte geben. Also lassen Sie uns dafür keine Zeit verschwenden, denn effektiver Umgang mit der Zeit ist einer der wichtigsten Wettbewerbsfaktoren für die Unternehmen. Das Motto: „Die Schnellen schlagen die Langsamen und die Perfekten."

Eine effektive Coaching-Verhaltensweise hängt vom jeweiligen Mitarbeiter und von den aktuellen Rahmenbedingungen der jeweiligen Situation ab, in der Sie und Ihr Mitarbeiter sich befinden.

Effektiv ist also, was in der jeweiligen Situation sinnvoll ist, somit wird der *situative Führungsstil* am effektivsten sein. Doch die Wahl der jeweiligen Coaching-Verhaltensweise hängt sehr vom eigenen Menschenbild ab. Zur Reflexion über das eigene Menschenbild dient ein interessantes Denkmodell von McGregor. Er skizziert zwar ein sehr idealtypisches Modell, indem er mit seiner X- und Y-Theorie zwei Menschenbilder von Führungskräften einander gegenüber stellt.

X-Theorie =	Y-Theorie =
Negatives Menschenbild nach dem Grundsatz:	Positives Menschenbild, das an das Gute im Menschen glaubt:
• Ich bin o.k. – Du bist nicht o.k. • ich bin o.k. – Du bist o.k., wenn ...	• Ich bin o.k. – Du bist o.k.

Anschließend finden Sie eine Darstellung nach Kurt Nagel.

Theorie X

1. Dem Durchschnittsmenschen ist eine Abneigung gegenüber der Arbeit angeboren. Er versucht, Arbeit zu vermeiden, wo immer er dazu in der Lage ist.

2. Als Folge der Abneigung gegenüber der Arbeit muß der Mensch gezwungen, kontrolliert, ausgerichtet, bedroht und bestraft werden, um diejenige Leistung zu erbringen, die zur Erfüllung der unternehmerischen Ziele erbracht werden muß, da nicht einmal das Versprechen einer Entlohnung hierfür ausreicht.

3. Der Durchschnittsmensch zieht es vor, angeleitet zu werden, er versucht, Verantwortung abzuwälzen, entwickelt wenig Ehrgeiz, verlangt nach Sicherheit und möchte sich vor allem wie die Mehrheit der Menschen verhalten.

Theorie Y

1. Sich physisch oder geistig anzustrengen, ist dem Menschen ebenso eigen wie der Spieltrieb. Darüber hinaus kann die Arbeit sowohl Befriedigung als auch Enttäuschung hervorrufen.

2. Äußere Kontrolle und Androhung von Strafen sind allein nicht ausreichend, um einen Menschen dazu zu veranlassen, bestimmte Ziele zu erreichen. Der Mensch zieht es vor, innerhalb des Zielsystems, mit dem er sich identifiziert, Eigenverantwortung und ein bestimmtes Maß an Selbstkontrolle zu übernehmen.

3. Unter normalen Bedingungen akzeptiert der Mensch nicht nur Verantwortung, sondern er sucht sie sogar. Scheu vor Verantwortung, Mangel an Ehrgeiz und vorherrschendes Sicherheitsdenken sind Folgen der Erfahrung, nicht jedoch charakteristisch für den Menschen.

4. Einfallsreichtum und Kreativität findet sich unter Menschen weit mehr, als zunächst vermutet.

5. Die intellektuellen Fähigkeiten des Durchschnittsmenschen werden nur teilweise genutzt.

Quelle: Kurt Nagel (1988)

Daraus kann man für die Rolle als Führungskraft wesentliche Verhaltensweisen ableiten. Diese sind bei

Theorie X
Ich bin o.k. – Du bist nicht o.k.

1. Das zentrale Führungsprinzip besteht aus Anleitung und Kontrolle, die nur mit Macht durchgesetzt werden können.
2. Die organisatorischen Erfordernisse nehmen keine Rücksicht auf die Bedürfnisse der Organisierten. Für die gebotene Belohnung „akzeptiert" der Mensch Macht und Kontrolle.
3. Ungenutzte Fähigkeiten werden für den einzelnen Mitarbeiter als nicht existent angesehen, und deshalb ist auch kein Grund vorhanden, Zeit und Anstrengung zu investieren, um evtl. Fähigkeiten voll auszunutzen.

Theorie Y
Ich bin o.k. – Du bist o.k.

1. Das zentrale Führungsprinzip heißt Integration, die Schaffung solcher Bedingungen, unter denen die Mitglieder der Organisation ihre eigenen Anstrengungen so ausrichten, daß sie ihre eigenen Ziele im Rahmen der Gesamtleitung des Unternehmens erreichen können.
2. Das Unternehmen wird in dem Maße leistungsfähiger, in dem die persönlichen Wünsche und Ziele seiner Mitarbeiter berücksichtigt werden.
3. Wir sind herausgefordert, Neuerungen einzuführen, neue Möglichkeiten der Zusammenarbeit zu entdecken und den menschlichen Einsatz anzuleiten (= Coaching).

Das Verhalten einer Führungskraft ist ein Spiegelbild des jeweiligen Menschenbildes. Dieses Menschenbild kann eine generelle Einstellung gegenüber Menschen allgemein oder aber auch eine Einstellung bestimmten Menschen gegenüber sein. Mich erschreckt immer wieder, wie leichtfertig Trainer, Führungskräfte etc. das „Ich bin o.k. – Du bist o.k." in den Mund nehmen, und wie schwer sie sich tun, das auch tatsächlich zu leben. Ich lade Sie ein, folgende kleine Übung zu machen:

Wieso ist es so schwer, nach dem „Ich bin o.k. – Du bist o.k."-Grundsatz zu handeln?

Welche Menschen machen es mir schwer, eine generelle „o.k."-Position einzunehmen?

a) Welche Normen und Werte haben sie?

____

____

b) Welche konkrete Verhaltensweisen bereiten mir Schwierigkeiten?

____

____

c) Welche Meinungen und Äußerungen erschweren meine „o.k."-Position?

____

____

Effektives Coaching basiert auf dem Vertrauen zwischen dem Vorgesetzten und dem jeweiligen zu beobachtenden Mitarbeiter. Das bedeutet, daß man nur die Mitarbeiter effektiv coachen kann, wenn auf beiden Seiten eine echte „o.k."-Haltung gegeben ist.

Vertrauen ist der Anfang von allen Coaching-Aktivitäten.

Bevor Sie jemanden coachen wollen empfehle ich Ihnen deshalb, mindestens 3 Punkte zu notieren, weshalb Sie speziell diesen Mitarbeiter wertschätzen. Für ein effektives Coaching ist es unabdingbar, sowohl den Menschen mit seinen Werten, Normen und Einstellungen als auch die konkrete Aufgabe zu fokussieren. Hierzu ist das Reifegradmodell nach HERSEY/BLANCHARD ein interessantes und in der Praxis hilfreiches Reflexionsinstrument (siehe Kapitel 1, S. 5).

Der Reifegrad des Mitarbeiters

Worum geht es bei der psychologischen Reife?

Hier geht es um den gesamten Bereich der Einstellung, Identifikation und Sinnhaftigkeit. Also stellt sich hier die Frage: Womit „muß“ sich der Mitarbeiter identifizieren können, um überhaupt effektiv im Sinne des Unternehmens arbeiten zu können?

Diese Frage kann jedoch nur dann exakt beantwortet werden, wenn man dazu den konkreten Arbeitsplatz des jeweiligen Mitarbeiters in den Mittelpunkt stellt. Definieren Sie doch mal die einzelnen Punkte, bei denen Ihr Mitarbeiter eine hohe positive Identifikation benötigt. Benutzen Sie den folgenden Fragenkatalog als Reflexionsinstrument.

Welche Bedeutung für eine bessere Leistung am Arbeitsplatz hat eine hohe Identifikation mit

	sehr gering			sehr hoch
1) den Unternehmenszielen?	❐	❐	❐	❐
2) den Strategien im Unternehmen, Ressort etc.?	❐	❐	❐	❐
3) den Veränderungsstrategien aufgrund „moderner“ Managementkonzepte (z.B. Leanmanagment, Reengineering)?	❐	❐	❐	❐
4) den Produkten bzw. mit der Produktpolitik?	❐	❐	❐	❐
5) der Preis- und Rabattpolitik?	❐	❐	❐	❐
6) der Thematik „aktives“ Verkaufen?	❐	❐	❐	❐
7) der Thematik „aktive“ Neukundengewinnung?	❐	❐	❐	❐
8) dem aktuellen Ruf des Unternehmens?	❐	❐	❐	❐
9) sich selbst als Person (Selbstwertgefühl)?	❐	❐	❐	❐

	sehr gering			sehr hoch
10) den Kollegen, dem Team, der Führungskraft?	❑	❑	❑	❑
11) der Aufgabe und den Anforderungen an diesen Arbeitsplatz?	❑	❑	❑	❑
12) der Notwendigkeit, Konflikte produktiv für alle Seiten zu lösen?	❑	❑	❑	❑
13) den Produktpartner des Unternehmens?	❑	❑	❑	❑

Welche Bereiche fallen Ihnen noch dazu ein?
Welche Bereiche sind in Ihrem Umfeld besonders wichtig?

14) ______________________	❑	❑	❑	❑
15) ______________________	❑	❑	❑	❑
15) ______________________	❑	❑	❑	❑
17) ______________________	❑	❑	❑	❑
18) ______________________	❑	❑	❑	❑
19) ______________________	❑	❑	❑	❑

Worum geht es nun bei der Aufgabenreife?

In diesem Bereich geht es um das Beherrschen von Fähigkeiten, um am jeweiligen Arbeitsplatz effektiv im Sinne des Unternehmens zu arbeiten. Hier geht es um Könner anstatt Kenner. Leider gibt es mehr Kenner als Könner. Erfolg dagegen verlangt Taten, deshalb wird Erfolg auch folgendermaßen buchstabiert:

T U N

Um die Aufgabenreife zu konkretisieren, muß ebenfalls der konkrete Arbeitsplatz des Mitarbeiters und seine dortige Rolle fokussiert werden. Definieren Sie anhand der folgenden Fragen, welche konkrete Fähigkeiten der Mitarbeiter braucht, um seinen Arbeitsplatz optimal im Sinne des Unternehmens auszufüllen.

Welche speziellen Fähigkeiten benötigt der Mitarbeiter für diesen speziellen Arbeitsplatz in punkto

1) Produktwissen und dessen Anwendung?

___

2) EDV-Anwendung?

___

3) effektivem Selbstmanagement?

___

4) Verkaufs-Know-how und dessen Anwendung?

___

5) Abwicklung?

___

6) Gebietsmanagement?

___

Welche Bereiche sind speziell für Sie noch wichtig?

7) ___

8) ___

9) ___

Effektive Coaching-Verhaltensweisen

Beim Coaching gilt es jetzt an dem Reifegrad anzusetzen, in dem sich der sogenannte „Wachstumsknoten" befindet (vgl. Kapitel 1, Seite 5). Im Rahmen des Coachings sind folgende vier Coaching-Verhaltensweisen sehr effektiv.

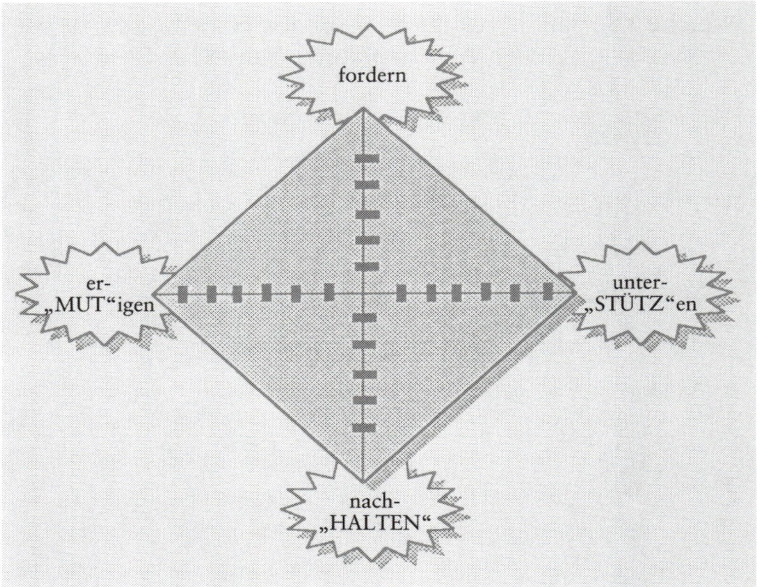

Abb. 4: Effektive Coaching-Verhaltensweisen

Nachfolgend eine Beschreibung der vier Verhaltensweisen:

1. Fordern:

Frei nach FELIX VON CUBE gilt für den Coach: fordern statt verwöhnen. Als Coach ist es wichtig, die erforderliche Leistung von dem Mitarbeiter auch einzufordern. Dies erfordert vom Coach den Mut, Konflikte auch bewußt einzugehen. Hilfreich ist hier die Methode der Ich-Botschaften.

Beispiel:
- Ich habe den Eindruck, daß Ihre Kundenrabatte zu hoch ausfallen.
- Ich habe den Eindruck, daß Ihnen das Cross-Selling Schwierigkeiten macht.

Der Coach hat die Aufgabe das notwendige Verhalten einzufordern, dabei muß noch nicht bekannt sein, auf welchem der beiden Reifegrade der Wachstumsknoten für diesen speziellen Noch-Besser-Prozeß liegt.

2. Ermutigen

Für den Coach ist es wichtig, daß er dem Mitarbeiter Mut macht und ihm vertraut, daß dieser das Coachingziel auch erreichen wird. Dieses Verhalten ist speziell dann besonders wichtig, wenn der Mitarbeiter im Rahmen des Coachings etwas Neues ausprobiert und einen Mißerfolg erlitten hat.

3. Unterstützen

Für mich gilt, daß nur derjenige das Recht zur Kritik hat, der auch echte Alternativen zu bieten hat. Speziell in diesem Bereich ist es besonders wichtig, konkrete Vorgehensweisen gemeinsam zu entwickeln, damit das Coachingziel auch tatsächlich realisiert werden kann. Bezogen auf die beiden Reifegrade kann die Unterstützung wie folgt aussehen:

a) **Bereich der psychologischen Reife**
Die Sinnhaftigkeit für das neue Verhalten ist gemeinsam mit dem Mitarbeiter herauszuarbeiten. Um es mit WALTER BÖCKMANNS Worten zu sagen: „Wer Leistung fordert, muß Sinn bieten!“

In der täglichen Arbeit zeigt sich immer wieder, daß viele Mitarbeiter ein bestimmtes Verhalten aufgrund einer „Sinnkrise“ gar nicht zeigen können. Hier versucht ein Coach, gemeinsam mit dem Mitarbeiter den Sinn für das geforderte neue Verhalten herauszuarbeiten.

Dazu eignen sich folgende Techniken:

- *W-Fragen stellen*
  Durch entsprechende Fragen versuche ich als Coach gemeinsam mit dem Mitarbeiter, den Sinn herauszuarbeiten.
  „Welche Nachteile hat der Kunde, wenn ..."
  „Welchen Nutzen haben Sie, wenn Ihr Kunde ..."
  „Welchen Nutzen hat unser Unternehmen, wenn ..."

- *Durch Beispiele, Geschichten etc. eine neue Sichtweise, ein neues Bewußtsein erzeugen*
  Viele Menschen probieren vieles erst gar nicht aus, da sie sich im Vorfeld bereits einreden, daß das sowieso nicht klappen wird, daß sie das sowieso nicht können. Wer so denkt und spricht, setzt sich selbst Grenzen, wie das Beispiel mit der Hummel zeigt:

  Eine Hummel hat 0.7 cm2 bei 1,2 g Gewicht.
  Nach den bekannten Gesetzen der Aerodynamik
  ist es unmöglich, bei diesem Verhältnis zu fliegen.
  Aber die Hummel weiß das nicht
  und fliegt einfach!*

- *Als Coach das Ganze konkret vormachen*
  Bei manchen Mitarbeitern behindern Glaubenssätze das Handeln und Ausprobieren. Speziell im Vertrieb ist dies häufig anzutreffen.

  Ein Beispiel:
  Eine bayerische Großbank hat den Kundenservicebereich in Service- und Vertriebsmitarbeiter unterteilt. Die Serviceleute haben jetzt die Aufgabe bekommen,

* Dazu können Sie direkt bei der Johann J. Huber Unternehmensberatung gegen Erstattung der Versandgebühr ein schönes, farbiges Hummelplakat anfordern. Fax Nr. 08142/40698

Kunden aktiv anzusprechen, sie für ein Gespräch neugierig zu machen und dann sofort an den Vertriebsmitarbeiter überzuleiten. Als ich vor Ort zum Vertriebscoaching (= Training-on-the-job) war, erklärte mir eine Kollegin, daß sie keine Kunden ansprechen würde, weil sie selbst das nicht wünscht und als aufdringlich empfindet. Da sicher auch ihre Kunden so empfinden würden, führt sie die aktive Ansprache nicht durch.

Wie kann nun dieser Glaubenssatz verändert werden? Ganz einfach! Die Mitarbeiterin „mußte“ durch mein Vormachen erleben, daß Kunden diese aktive Ansprache ausdrücklich wünschen. Hier hilft kein Gespräch unter vier Augen im Zimmer der Führungskraft.

b) Bereich der Aufgabenreife

- *Durch W-Fragen Lösungsalternativen gemeinsam entwickeln*
  Als Coach ist es besonders wichtig, zuerst durch W-Fragen die Kreativität des Mitarbeiters zu fördern und zu sehen, welche Ideen der Mitarbeiter entwickelt. Denn Ziel des Coachings ist, den Mitarbeiter selbständig zu machen.

  Beispiele:
  „Wie können wir den Kunden konkret ansprechen?“
  „Wie argumentieren Sie auf den Einwand des Kunden ganz konkret?“ usw.

- *Durch Anbieten von erprobten Verhaltensalternativen*
  Wenn der Mitarbeiter keine Ideen/Alternativen zu bieten hat, dann ist man als Coach gefordert. Bekanntlich führen ja viele Wege nach Rom, weshalb ich als Coach verschiedene Verhaltensalternativen von erfolgreichen Mitarbeitern anbiete. Hier hat der Mitarbeiter nun die Chance, seine konkrete Vorgehensweise zu definieren.

- *Durch Trockentraining die Verhaltenssicherheit herstellen*
  Wenn der Coach im Bereich der Aufgabenreife Verhaltensalternativen gemeinsam mit dem Mitarbeiter entwickelt hat, dann ist der Mitarbeiter mit größter Wahrscheinlichkeit ein Kenner, da er es ja noch nicht ausprobiert hat. Also gilt es jetzt durch das Trockentraining (= Praxis-Simulation) aus dem Kenner einen Könner zu machen. Nur was ich im Trockentraining beherrsche, werde ich auch am echten Kunden ausprobieren bzw. demonstrieren.

4. Nachhalten

Der Coach legt jetzt gemeinsam mit dem Mitarbeiter einen Aktionsplan fest, in dem folgende Dinge konkret schriftlich fixiert werden.

1. Was konkret tut der Mitarbeiter?
2. Mit wem macht er das Ganze (z. B. welche Kunden)?
3. Welches konkrete Ergebnis wird erzielt?
4. Wie wird er konkret vorgehen?
5. Bis wann?
6. Wer spricht wen bei Umsetzungschwierigkeiten an?
7. Wann werden die „Nachhalte-Gespräche“ (= Feedbacksitzungen) stattfinden?

Speziell beim Nachhalten geht es darum, die Verantwortlichkeiten klar zu definieren. Klare Kontrakte unterstreichen die Verbindlichkeit.

Nachfolgend noch eine Übung für Sie, um bereits erlebte oder geleistete Coaching-Verhaltensweisen bewußter werden zu lassen, und dadurch den Blick und das Gefühl für Coaching als solches zu schärfen.

Übung: Erlebte Coaching-Verhaltensweisen

1. Notieren Sie bitte die letzten fünf unmittelbaren Vorgesetzten.

____

____

____

____

____

2 a) Notieren Sie bitte bei jedem Vorgesetzten, welche seiner Verhaltensweisen Sie gefördert hat!

Name	fördernde Verhaltensweisen

2 b) Notieren Sie bitte jetzt bei jedem Vorgesetzten, welche seiner Verhaltensweisen Sie gehemmt hat!

Name	hemmende Verhaltensweisen

3 a) Welche der förderlich erlebten Verhaltensweisen setzen Sie bereits ein?

Förderliche Verhaltensweisen, die ich bereits einsetze, sind ...	Welche dieser Verhaltensweisen gilt es, noch zu verstärken?	Wie gehe ich vor?

3 b) Welche der als hemmend erlebten Verhaltensweisen setzen Sie selbst ebenfalls ein?

Hemmende Verhaltensweisen, die ich auch einsetze, sind ...	Wodurch will ich diese Verhaltensweise ersetzen?	Welchen Nutzen erziele ich dadurch für mich und meine Mitarbeiter?

4. *Wie gestalten Sie als Führungskraft einen effektiven Coachingprozeß?*

Der Coachingprozeß im Überblick

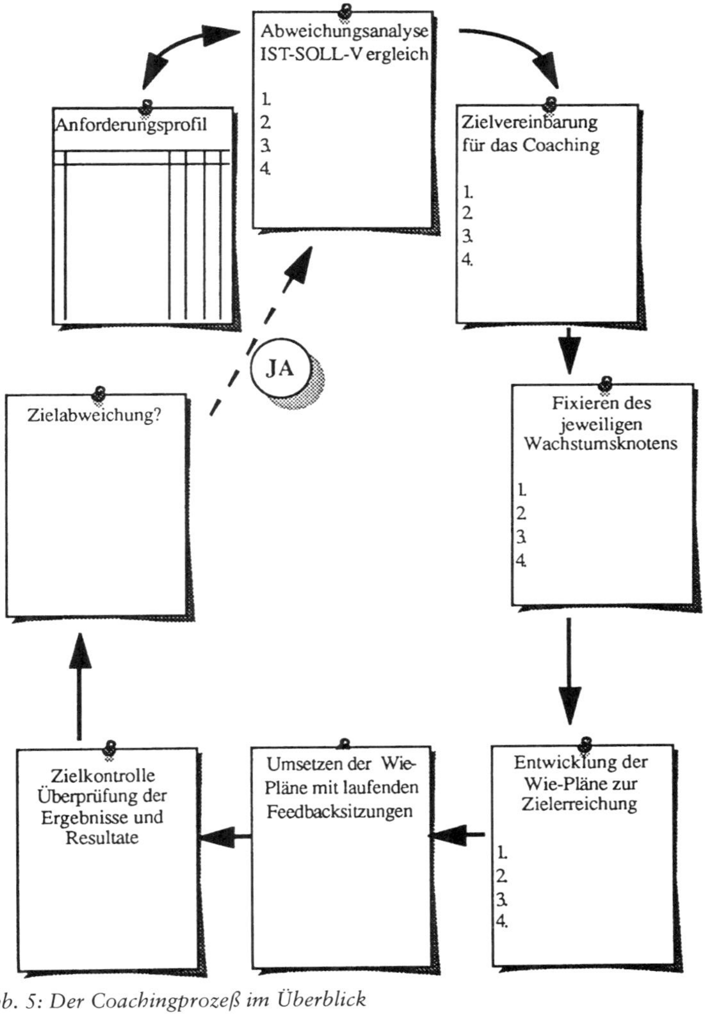

Abb. 5: Der Coachingprozeß im Überblick

Diese Übersicht sagt nichts über die Art und Weise sowie über die Dauer des Coachings aus.

Die Ziele des Coachingprozesses

Der Coachingprozeß ist ein bewußt geplanter und gesteuerter Lern- und Entwicklungsprozeß zwischen dem Coach und dem Mitarbeiter, mit dem klaren Ziel der Leistungsverbesserung am Arbeitsplatz (Noch-Besser-Prozeß).

Die wesentliche Voraussetzung für einen effektiven Coaching-Prozeß ist somit ein gemeinsames Ziel zwischen den Beteiligten, dessen Erreichung für beide Seiten echten Sinn hat.

Durch Coaching sollen und dürfen keine Abhängigkeiten zwischen den Beteiligten geschaffen werden. Das Ziel ist immer, den Mitarbeiter so schnell wie möglich in die Selbständigkeit zu entlassen.

Die einzelnen Schritte im Coachingprozeß mit Ideen und Anregungen zur individuellen Gestaltung

1. Entwicklung eines konkreten Anforderungsprofiles

Zur Vorbereitung ist es für den Coach besonders wichtig, selbst Klarheit über die Anforderungen an seine Mitarbeiter zu bekommen, denn als Coach muß er in der Lage sein, dem Mitarbeiter klar darzustellen, welches konkrete Leistungsverhalten von ihm erwartet wird.

Bei der Definition der konkreten Anforderungen ist es sinnvoll, vier Bereiche im Auge zu behalten, wie es das Coaching-Rad veranschaulicht.

- *Wissen*
  Welches Wissen benötigt der Mitarbeiter, damit er alle Aufgaben im Rahmen des Arbeitsplatzes optimal im Sinne des Unternehmens erledigen kann?

Abb. 6: Das Coaching-Rad

- *Können*
  Welche Fähigkeiten, Techniken etc. sollte der Mitarbeiter beherrschen, damit er an seinem Arbeitsplatz die optimale Leistung bringen kann?

- *Wollen*
  Welches konkrete Engagement soll der Mitarbeiter an diesem Arbeitsplatz zeigen?

- *Mut zum Handeln*
  Welche konkreten Tätigkeiten im Rahmen dieses Arbeitsplatzes erfordern automatisch mehr Mut, um gemäß den Coaching-Anforderungen zu handeln? (z. B. hartes Preisgespräch, Kaltakquise, Konflikte im Rahmen von Projektmanagement bearbeiten u.v.m.).

In der Regel liegt in einem dieser vier Segmente der Wachstumsknoten und somit der Coachingbedarf. Fehlt ein Segment, dann wird das Coaching-Rad genauso wenig laufen wie jedes normale Rad auch.

Bei der Erstellung des *Anforderungsprofils* sollte man darauf achten, daß das gewünschte Verhalten in beobachtbaren Verhaltensweisen formuliert wird. Denn Einstellungen lassen sich nicht direkt beobachten. Verwenden Sie dazu die Präzisionstechnik mit den Fragen:

„Woran werde ich erkennen, daß der Mitarbeiter das neue Verhalten effektiv einsetzt?"
„Woran kann ich sehen, daß der Mitarbeiter die richtige Einstellung zum Thema X bzw. Produkt Y hat?"

Ein weiterer wichtiger Punkt im Rahmen des Anforderungsprofiles ist eine Beurteilungsskala, um den gegenwärtigen Ist-Zustand und den gewünschten Soll-Zustand sichtbar zu machen. Verwenden Sie dazu eine Skala von 1–5 , wobei 1 bedeutet, daß der Mitarbeiter noch nicht sehr leistungsstark ist, 5 bedeutet dann, daß der Mitarbeiter diese geforderte Fähigkeit in vollem Umfang besitzt und auch am Arbeitsplatz demonstriert.

An der Größe der Differenz zwischen dem Ist-Zustand und dem Soll-Leistungsstand wird die Notwendigkeit von Entwicklungsaktivitäten deutlich. Außerdem lassen sich damit die Entwicklungsfortschritte im Rahmen des Coachingprozesses deutlich darstellen.

Dieses Anforderungsprofil hilft Ihnen als Führungskraft, den aktuellen Leistungsstand Ihres Mitarbeiters kritisch zu reflektieren.

Übung:
- Erstellen Sie anhand des folgenden Blattes ein Anforderungsprofil.
- Lassen Sie dieses Anforderungsprofil auch von Ihrem Mitarbeiter erstellen.

Aus diesem Anforderungsprofil soll und darf kein wissenschaftliches Instrument gemacht werden. Es ist einzig und

Anforderungsprofil						
Nr.	Welches beobachtbare Verhalten soll der Mitarbeiter idealer Weise an diesem Arbeitsplatz zeigen?	In welchem Umfang zeigt der Mitarbeiter dieses gewünschte Verhalten bereits? in sehr geringem Umfang … in geforder-tem Umfang				
		1	2	3	4	5

allein eine Praxishilfe, um das gewünschte und erforderliche Verhalten am jeweiligen Arbeitsplatz deutlich und somit diskutierbar zu machen. Es dient als Kommunikationsgrundlage zwischen Ihrem Mitarbeiter und Ihnen als Führungskraft zu Beginn des Coachingprozesses.

Wenn wir davon ausgehen, daß jeder Mensch seine eigene subjektive Sichtweise und somit seine eigene Wirklichkeit hat, dann kann dieses Anforderungsprofil nur dazu dienen, die Wirklichkeiten auszutauschen und eine gemeinsame Wirklichkeit zwischen Ihnen und Ihrem Mitarbeiter zu entwickeln.

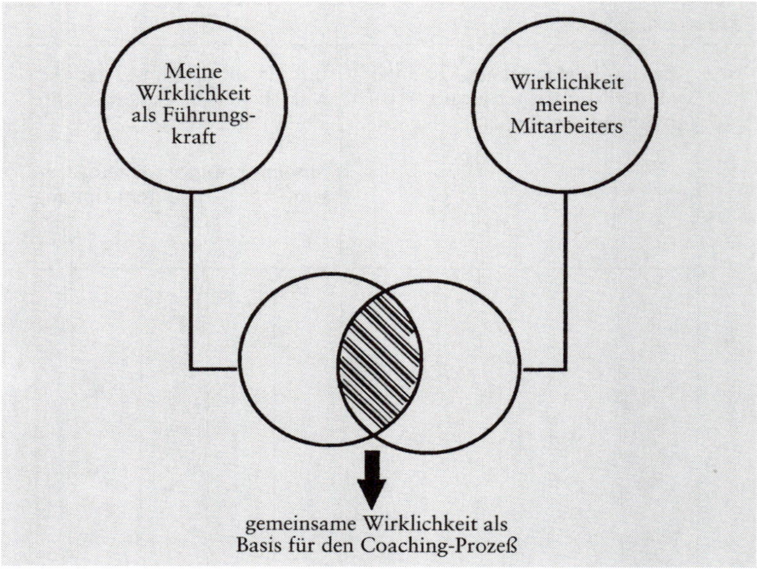

Abb. 7: Entwicklung einer gemeinsamen Wirklichkeit von Coach und Mitarbeiter

Doch Vorsicht! Aufgrund des schnellen Wandels im Markt gilt es laufend zu überprüfen, inwieweit das einmal erstellte Anforderungsprofil noch aktuell ist. Passen Sie das Anforderungsprofil laufend an.

2. *Vereinbarung des Coaching-Kontraktes*

Coaching wird erst dann effektiv, wenn im Kontrakt folgende Dinge klar geregelt sind.

Das gemeinsame Coaching-Ziel

Im Rahmen des Noch-Besser-Prozesses hat es sich als sehr hilfreich erwiesen, zuerst das gemeinsame Ziel zu definieren.

Somit können Sie als Coach in der Regel bereits verhindern, daß das Gespräch als Kritikgespräch empfunden wird.

Die Praxis zeigt immer wieder, daß die meisten Menschen gerne „noch besser" werden wollen. Damit signalisieren sie auch ganz klar, daß der Mitarbeiter bereits gut ist. Anders ist es bei der Formulierung: „Wollen Sie besser werden?"

Statt:	Besser:
„Sie leiten kaum Kunden an die Vertriebsmitarbeiter über."	„Ich sehe die Möglichkeit, daß Sie durch die gezielte Kundenüberleitung noch besser im Kundenservice werden können."

Vertraulichkeit der Informationen, die der Coach während des Prozesses gewinnt

Für den Mitarbeiter besteht das Risiko, egal ob subjektiv oder objektiv, daß der Coach die aufgrund des Coachingprozesses gewonnenen Informationen beim nächsten Beurteilungsgespräch gegen ihn verwenden könnte.

Während des Coachingprozesses probiert der Mitarbeiter neues Verhalten aus. Wer etwas Neues ausprobiert, der wird unter Umständen auch mal Fehler – oder besser neue Lernerfahrungen machen. Sollte dies dann auch noch „bestraft" werden, ist Coaching bereits im Vorfeld zum Scheitern verurteilt.

Am besten vereinbaren Sie mit dem Mitarbeiter, daß alle Erkenntnisse aus dem Coachingprozeß nicht in der Beurteilung verwendet werden. Lediglich das verwirklichte Coaching-Ziel wird positiv in die Beurteilung aufgenommen.

Thematisieren aller Bedenken, Befürchtungen etc., inclusive der Rolle der beiden Akteure

Klären Sie mit Ihrem Mitarbeiter ab, unter welchen Bedingungen er sich auf das gemeinsame Coaching einlassen wird. Besonders wichtig ist es, die gegenseitigen Erwartungen an das gemeinsame Coaching zu definieren, dazu unterstützen Sie folgende Fragen:

- Welche Erwartungshaltungen habe ich als Coach in bezug auf das gemeinsame Coaching?
- Welche Erwartungen habe ich als Mitarbeiter in bezug auf das gemeinsame Coaching?
- Was erwarte ich, daß der Mitarbeiter konkret beiträgt?
- Was erwartet der Mitarbeiter, daß der Coach konkret beiträgt?
- Unter welchen Bedingungen wird das Coaching für mich ein Erfolg?

3. Herausarbeiten des Wachstumsknotens

Effektives Coaching setzt am sogenannten Wachstumsknoten an, um durch den gemeinsamen Coachingprozeß dem Mitarbeiter einen echten Wachstumsschub zu ermöglichen. Nachfolgend einige Methoden, die hilfreich bei der Definierung des Wachstumsknotens sind.

Die Bilanzmethode in punkto psychologischer Reife

Immer dann, wenn es um den Bereich der Identifikation mit Produkten, Strategien etc. geht, ist es hilfreich, mit der Bilanzmethode zu arbeiten.

„Welche Vorteile/Nachteile sehen Sie in dem Produkt XY?“

Vorteile	Nachteile

Dabei muß es legitim sein, daß der Mitarbeiter offen seine Bedenken etc. äußern darf. Andernfalls kann man sich Coaching sofort sparen.

Hypothetische Fragen stellen

Diese Methode eignet sich besonders gut, um sog. „Glaubenssätze" zu erkennen, die im Endeffekt das Handeln des Mitarbeiters blockieren. Bei den hypothetischen Fragen tun wir so, als ob.

Beispiele:
„Nur mal angenommen, Sie würden den Kunden ansprechen, was würde nach Ihrer Meinung der Kunde von Ihnen denken?"
„Gesetzt den Fall, Sie würden das tun, was könnte aus Ihrer Sicht im schlimmsten Fall passieren?"

Fragen zur Klärung des Problems, der Zusammenhänge etc.

Hier handelt es sich um die bekannten W-Fragen, um mehr Klarheit für sich als Coach und auch für den Mitarbeiter zu erlangen.

Beispiele:
- Bei welchen Kunden tritt das Problem auf?
- Welche Reaktionen der Kollegen sind für Sie schwierig?
- Welche Befürchtungen haben Sie in dieser Situation?
- Welche Erklärung haben Sie dafür?
- Was sind Ihrer Meinung nach die Ursachen dafür?

Rollenspiel zwischen Coach und Mitarbeiter, besonders um Engpässe in der Aufgabenreife zu entdecken

Der Großteil des Verhaltens läuft unbewußt ab, und als Betroffener hat man fast immer den Eindruck, doch alles optimal gemacht zu haben. Die meisten von uns kennen das sehr gut aus dem Sport. Aus diesem Grund empfehle ich, anstatt darüber zu reden, die Situation einfach noch mal nachzustellen. Dabei kann der Coach die Kundenrolle übernehmen, oder aber der Mitarbeiter stellt beide Rollen nach. Hier ist es unabdingbar, daß zwei Stühle verwendet werden und der Mitarbeiter und Sie darauf achten, daß beim Agieren jeweils der entsprechende Verkäufer- bzw. Kundenstuhl eingenommen wird.

Bei der Engpaßermittlung ist es für den Coach sehr verführerisch, dem Mitarbeiter zu früh Lösungen anzubieten. In dieser Phase des Coachingprozesses sollten Sie sich als Coach entweder auf das Fragenstellen fokussieren oder aber mittels des Minirollenspieles auf die beobachtende Position beschränken.

4. Der Wie-Plan als zentrales Instrument

Der Wie-Plan beinhaltet ganz konkret, wie der Mitarbeiter konkret handeln, agieren, argumentieren etc. wird, um das gemeinsame Coaching-Ziel auch zu erreichen. Im Rahmen des Wie-Planes kann z. B. auch vereinbart werden, daß der Mitarbeiter

- gemeinsam mit Ihnen als Führungskraft Kundentermine wahrnimmt (siehe Kapitel 6),
- ein Spezialseminar besucht,
- bei einem Kollegen hospitiert,
- beim regelmäßigen Meeting einen Vortrag hält,

- Produktverantwortlicher (z. B. Investmentfonds) wird,
- ein Seminar mit den Kollegen zum Thema (z. B. Projektmanagement etc.) durchführen wird.

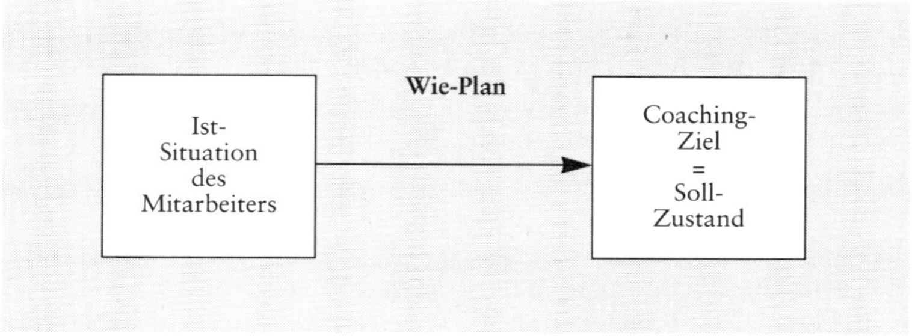

Abb. 8: Der Wie-Plan

Jeder Wie-Plan ist flexibel und wird aufgrund des entsprechenden Wachstumsknotens anders gestaltet sein. Durch regelmäßige Feedbacksitzungen während der Umsetzung des Wie-Planes wird gecheckt, inwieweit in den Wie-Plan neue Strategien, Aktivitäten usw. integriert werden müssen, damit das Coaching-Ziel auch realisiert werden kann. Zur gemeinsamen Entwicklung eines Wie-Planes eignen sich folgende Methoden sehr gut:

Durch Fragen den Mitarbeiter selbst entwickeln lassen

Lassen Sie den Mitarbeiter im kreativen Bereich einfach „spinnen" und ein Brainstorming machen. Dabei ist darauf zu achten, daß zuerst Lösungsideen gesammelt werden und die Bewertung der Ideen erst nach Abschluß des Sammelns erfolgt. Andernfalls wird die Kreativität blockiert.

Beispiele:
- „Welche Möglichkeiten könnten Sie sich vorstellen, um ...?"
- „Wie sollte man es nach Möglichkeit nicht machen?" (Im Umkehrschluß werden dann mögliche Varianten abgeleitet.)

- Hypothetische Fragen um die bevorzugten Lösungsalternativen in bezug auf positive und negative Konsequenzen zu beurteilen.

Durch dieses methodische Vorgehen wird vor allem vermieden, daß der Mitarbeiter in bereits erkennbare Fallen bei der Umsetzung tritt. Darüber hinaus werden im Vorfeld eventuell später auftretende mentale Blockaden sichtbar und somit bearbeitbar.

Beispiele:
- „Nur mal angenommen, Sie würden so vorgehen, was könnte alles passieren?"
- „Vorausgesetzt, Sie würden das so tun, welche Vorteile sehen Sie in dieser Vorgehensweise für sich?"

Aus einem „Know-how-Katalog" eine gemeinsame Strategie und konkretes Vorgehen ableiten

Im Rahmen der von mir für verschiedene Unternehmen durchgeführten Coach-Ausbildungen für Führungskräfte eruieren wir vorab anhand einer Verhaltens-Benchmark das Know-how der Erfolgreichen im Sinne des Unternehmens und fassen diese Verhaltensalternativen in einem sogenannten „Know-how-Katalog" nach dem System der Erfolgreichen zusammen.

Aus diesem Katalog wählen dann der Coach und der Mitarbeiter die für den Mitarbeiter passenden Verhaltensalternativen aus, wobei der Coach darauf achtet, daß der Mitarbeiter die Alternativen nicht einfach übernimmt, sondern gezielt auf seine Person überträgt.

Ich vergleiche dieses Vorgehen mit einem Tennis-Coach, von dem ich nicht erwarte, daß er von mir verlangt, z. B. den Aufschlag zu erfinden, sondern ich erwarte daß er mir verschiedene Alternativen zeigt, von denen ich dann die Variante wähle, die speziell zu meiner Körpergröße, Schnelligkeit und meinem Spieleinsatz paßt und so mein Spiel effektiver und besser macht. Gemäß dem Motto:

> Das Rad muß nicht immer wieder neu erfunden werden
> oder
> Lieber gut kopiert, als selber schlecht entwickelt.

Durch Trockentraining Verhaltenssicherheit beim Mitarbeiter erzeugen

Durch die gemeinsame Entwicklung des Wie-Planes wird mit größter Wahrscheinlichkeit aus dem Mitarbeiter ein Kenner – er weiß jetzt, wie es geht. Den Erfolgreichen unterscheidet vom Kenner, daß er das beherrscht und anwendet, was der andere nur kennt.

Machen Sie als Coach mit dem Mitarbeiter jetzt ein Trainingscamp und lassen Sie ihn z. B. durch Rollenspiele so lange trainieren, bis er ein Könner ist. Diese Verhaltenssicherheit im Trockentraining erzeugt beim Mitarbeiter auch den Mut, es in der Praxis wirklich anzuwenden.

Die Inhalte des Wie-Planes

Orientieren Sie sich bei der Fixierung des Wie-Planes einfach an folgendem Beispiel:

> 1.) Welche Aktivitäten/Maßnahmen werden vereinbart?
> ______________________________
> ______________________________

2.) Wie wird die Aktivität/Maßnahme durchgeführt?

____

____

3.) Wie oft und mit welchem konkreten Ergebnis werden die oben aufgeführten Aktivitäten/Maßnahmen durchgeführt?

____

____

4.) Wer übernimmt bei der Umsetzung des Wie-Planes welche Verantwortung?

____

____

5.) Bis wann ist welche Aktivität/Maßnahme beendet?

____

____

6.) Wie wird bei Umsetzungsschwierigkeiten/Mißerfolgen vorgegangen?

____

____

5. Kontrolle während des Coachingprozesses

Kontrolle, ein ungeliebtes Wort, aber ein unverzichtbarer Bestandteil der Entwicklung Ihrer Mitarbeiter. Am besten ist auch hier das gemeinsame Gespräch, die gemeinsame Kontrolle. Ihr Mitarbeiter und Sie als Führungskraft tauschen ihre Sichtweisen aus. Wo stehen wir im Rahmen der Umsetzung der vereinbarten Aktivitäten/Maßnahmen?

Kontrolle hat ja nicht nur die Aufgabe zu prüfen, was läuft nicht gut oder welche Schwächen hat mein Mitarbeiter?

Sondern Kontrolle hat ebenfalls die Aufgabe, die Fortschritte, die Erfolge bewußt zu machen. Denn nichts ist motivierender als Erfolg.

Die meisten Menschen wollen lieber durch Lob ruiniert, als durch Kritik gefördert werden.

Beim Feedback-Gespräch im Rahmen der Kontrolle zwischen Ihrem Mitarbeiter und Ihnen als Führungskraft gilt es, sowohl die Fortschritte als auch die Probleme bei der Umsetzung des Wie-Planes zu verdeutlichen. Ziel ist es nicht, den Mitarbeiter zu kritisieren, sondern eine Standortbestimmung vorzunehmen:

- Wo stehen wir im Rahmen unseres Wie-Planes?
- Wie gehen wir weiter vor, damit wir den Soll-Zustand auch erreichen werden?

Zum Abschluß noch drei wesentliche Punkte für dieses Feedback-Gespräch im Rahmen des Coachingprozesses:

1. Feedback ist umso effektiver, je früher es gegeben wird.
2. Speziell bei Kritik gilt es immer wieder zu prüfen: Ist dieser Kritikpunkt im Sinne der Zielvereinbarung so wichtig, daß er mit dem Mitarbeiter unbedingt besprochen werden muß? Beschränken wir die Kritik auf das Wesentliche, so vermeiden wir, daß der Mitarbeiter entmutigt wird. („Dem kann man's ja sowieso nicht recht machen.“)
3. Wenn Mitarbeiter sich entwickeln und neues Verhalten ausprobieren oder neue Aufgaben wahrnehmen, dann muß ihnen auch das Recht gegeben sein, aus diesen Fehlern zu lernen.

Machen Sie sich als Führungskraft unbedingt Notizen über Ihre Beobachtungen im Rahmen der Kontrolle. Denn man vergißt sehr schnell konkrete Einzelheiten, und im Feedback-Gespräch mit dem Mitarbeiter stehen dann diese Einzelheiten nicht mehr zur Verfügung. Doch speziell an diesen Einzelheiten läßt sich für beide Seiten klar festmachen, wie in Zukunft mit solchen Situationen umgegangen werden soll oder muß.

Im Rahmen von Kritikgesprächen hat es sich besonders bewährt, so schnell wie möglich darüber zu sprechen, wie in ähnlichen Situationen in Zukunft verfahren werden soll. Was bringt es, stundenlang darüber zu reden, was schief gegangen ist? Auch Vorwürfe bringen wenig, denn die Situation, der Fall, ist Vergangenheit. Also anstatt: „Was war schlecht?“, besser: „Aus welchem Grund ist es so wichtig, daß in ähnlichen Situationen folgendes neues Verhalten gezeigt wird? Wie soll mein Mitarbeiter sich in Zukunft in ähnlichen Situationen verhalten?“

Die Vergangenheit läßt sich nicht mehr ändern. Lernen wir aus den Fehlern, die wir gemacht haben. Denn nur so können wir in der Zukunft diese Fehler vermeiden und uns entsprechend effektiver verhalten.

6. Schaffung eines guten Klimas

Eine Anleitung, wie man es nicht machen soll, finden Sie in Kapitel 3. Die Grundeinstellung zum Menschen, zum Mitarbeiter ist die Grundlage für effektives Coaching: Ich bin o.k. – Du bist o.k.

Diese Grundhaltung ist die Basis für Ihre Art und Weise der Mitarbeiterführung.

Nur wenn Sie als Führungskraft Ihren Mitarbeiter als Mensch schätzen und ihm signalisieren, daß Sie ihn grundsätzlich akzeptieren, nur dann wird dieser Mitarbeiter sich öffnen und bereit sein, einen solchen Entwicklungsprozeß mitzutragen.

Übung: Gehen Sie gedanklich Ihre Mitarbeiter durch.
Wie stehen Sie zum Einzelnen?

Was halten Sie von ihm?

Mitarbeiter	So stehe ich zu ihm

Wie sieht es denn umgekehrt aus?

Mitarbeiter	So steht er zu mir

Je besser die Beziehung zwischen Ihrem Mitarbeiter und Ihnen als Führungskraft bereits ist, umso leichter wird es sein, einen Coachingprozeß einzuleiten. In vielen Fällen ist es zu Beginn des Coachingprozesses notwendig, daß der Mitarbeiter und Sie als Führungskraft zuerst in einem gemeinsamen Gespräch abklären, welche Bedingungen erfüllt sein müssen, damit jede Seite sich auf den Coachingprozeß einlassen kann.

Gemeinsam mit dem Mitarbeiter erarbeiten Sie einen „Vertrag", der die Bedingungen enthält, unter denen Coaching überhaupt erst begonnen werden kann. In diesem Gespräch werden dann z. B. folgende Fragen geklärt:

1. Welche Bedingungen müssen erfüllt sein, damit ich mich auf den Coachingprozeß einlassen kann?
2. Welche Ängste sind vorhanden?
3. Was ist das Ziel des Coachingprozesses?
4. Wie wirkt sich das Ganze auf die nächste Beurteilung aus?
5. Was passiert, wenn ich als Mitarbeiter einen Fehler mache?

Darüber hinaus stellt jeder Mitarbeiter die Sinnfrage, also: Was bringt mir das Ganze? Aus welchem Grund soll ich da mitmachen?

Wer effektiv coachen will, muß Sinn bieten. Wer Leistung fordert, muß Sinn bieten. Gemeinsam mit Ihrem Mitarbeiter gilt es abzuklären, was speziell der Sinn dieses Coachingprozesses ist.

Übung:
Stellen Sie sich bitte vor, daß Sie Mitarbeiter in Ihrer Abteilung sind und Ihr Chef gemeinsam mit Ihnen einen Coachingprozeß einleiten will. Welche Fragen, Gedanken etc. gehen Ihnen da durch den Kopf? Welche Ängste kommen da bei Ihnen hoch? Welche Bedingungen müßten erfüllt sein, damit Sie sich auf den Coachingprozeß einlassen können und wollen?

Übung:
Stellen Sie sich bitte vor, daß Ihr Mitarbeiter Ihnen folgende Frage stellt: „Warum soll ich da mitmachen?“
Was antworten Sie, welchen Sinn bieten Sie?

Wie steht es mit dem Recht, auch mal einen Fehler machen zu dürfen? Ihr Mitarbeiter muß wissen, daß selbst wenn er einen Fehler macht, sich das nicht negativ auf das nächste Beurteilungsgespräch auswirken wird. Die Angst vor negativen Konsequenzen lähmt bzw. verhindert Coachingprozesse.

Was bedeutet es für Sie als Führungskraft, wenn ein Mitarbeiter einen Fehler macht? Ist dies etwas, das aus Ihrer Sicht verpönt ist?

Lesen Sie bitte dazu im 5. Kapitel den Teil über die typischen „Antreiber“ und „Bremser“. Inwieweit erkennen Sie bereits bei sich typische „Antreiber“, die das Recht des Mitarbeiters, einen Fehler machen zu dürfen, von Anfang an stark beeinträchtigen? Wie werden Sie damit umgehen?

Wie coachen Sie Mitarbeiter, die Seminare besuchen?

Mitarbeiter besuchen immer wieder mal Seminare. In der Regel aus dem Grund, weil sie bereits selbst erkannt haben, daß sie Entwicklungsbedarf haben. Um die Effizienz von Seminarbesuchen zu steigern, leiten Sie als Führungskraft jetzt einen Coachingprozeß ein.

1. Phase: Seminaranmeldung
Bevor der Mitarbeiter endgültig für das ausgesuchte Seminar angemeldet wird, klären Sie mit ihm, was der Sinn und Zweck dieses Seminarbesuches ist. Dabei sind folgende Fragen sehr hilfreich:

- Was erwarte ich als Führungskraft von der Seminarteilnahme meines Mitarbeiters?
- Was erwartet mein Mitarbeiter von dieser Seminarteilnahme?
- Wie stelle ich mir die Transferphase als Führungskraft/ Mitarbeiter vor?
- Für welche Arbeitssituationen sollen neue Alternativen erworben werden?
- Für welche Fragen der Kollegen soll der Mitarbeiter Lösungen, Ideen oder Anregungen vom Seminar mitbringen?

Seminare können eine Aktivität im Rahmen des Coachingprozesses sein. Die Effektivität der Seminarteilnahme hängt jedoch von der Zielklarheit ab. Was also soll das Seminar konkret bewirken?

2. Phase: Der Seminarbesuch
Im Rahmen des Coachingprozesses ist es wichtig, daß Sie als Führungskraft dem Mitarbeiter in dieser speziellen Lernphase den Kopf frei halten. Das heißt, der Mitarbeiter soll sich voll auf das Seminar konzentrieren können, die Arbeit darf während des Seminares nicht liegen bleiben.

Also, welcher Kollege übernimmt die Arbeit des Seminarteilnehmers?

3. Phase: Die Rückkehr an den Arbeitsplatz
Nachdem der Mitarbeiter vom Seminar zurück ist, gilt es, ein Transfergespräch zu führen. Dazu eignen sich folgende Fragen:

- Welche neuen Erkenntnisse haben Sie gewonnen?
- Wie helfen diese neuen Erkenntnisse unserer Abteilung/ unserem Team weiter?
- Wo und wie werden Sie diese neuen Erkenntnisse einsetzen?
- Was brauchen Sie noch, um diese neuen Erkenntnisse auch umzusetzen?
- Wer spricht wen an, wenn es Schwierigkeiten bei der Umsetzung gibt?
- Bis wann werden welche Umsetzungsaktivitäten beendet sein?

4. Phase: Feedbackphase im Rahmen der Umsetzung
Als Führungskraft kontrollieren Sie selbstverständlich die Umsetzung der geplanten Aktivitäten.

- Was ist bereits umgesetzt?
- Warum wurde dieses oder jenes nicht umgesetzt?
- Wie gehen wir vor, so daß diese Aktivität noch realisiert wird?
- Wie gehen wir weiter vor?

Effektives Coaching ist eine Frage der Verbindlichkeit, dies gilt in sehr hohem Maße für Seminarbesuche zur Qualifikationssteigerung des Mitarbeiters. Nur ein klarer Kontrakt zwischen Ihnen als Führungskraft und Ihrem Mitarbeiter kann effektives Coaching in Gang setzen. Fordern und fördern Sie Ihre Mitarbeiter, denn dies ist die Grundlage, um Mitarbeiter zu Spitzenmitarbeitern zu entwickeln.

Kontakt kommt vor dem Coaching-Kontrakt.

Das bedeutet, daß ein effektiver Coachingprozeß nur dann eingeleitet werden kann, wenn der Kontrakt zwischen Ihrem Mitarbeiter und Ihnen als Führungskraft gegeben ist. Stimmt die Beziehung nicht, so wird Coaching sehr zeitaufwendig und mit großer Wahrscheinlichkeit zu einem permanenten Hindernisrennen.

5. *Welche speziellen Coaching-Fähigkeiten sind gefragt?*

Die Kompetenz der Führungskräfte

Produkte und Leistungen im internationalen Wettbewerb werden immer vergleichbarer. Der begleitende Service, d. h. schnell und kundengerecht zu handeln, gewinnt damit zunehmend an Bedeutung. Die *Kompetenz der Führungskräfte* wird so das wichtigste Qualitätsmerkmal in dem Sektor, der als einziger vom Unternehmen noch selbst zu steuern ist und damit auch zum Allein-Stellungsmerkmal im Markt führt. Die Ausprägung der Kompetenz der Führungskräfte ist eine der wichtigsten Voraussetzungen für die Leistungsfähigkeit eines Unternehmens überhaupt. Eine hohe Management-Kompetenz bedeutet zwangsläufig auch eine hohe Innovationsfähigkeit des Unternehmens.

Wie kommt es nun, daß im internationalen Vergleich des IMD* in Lausanne Deutschland auf Rang 14 steht, weit hinter Ländern wie Finnland, Niederlande und Norwegen? Im internationalen Vergleich fielen deutsche Führungskräfte von Rang 10 im Jahr 1992, über Rang 20 im Jahr 1996, auf mittlerweile Rang 25 zurück. Vor ihnen liegen Nationen wie Dänemark, Niederlande, Chile und Neuseeland. Auch Großbritannien, Österreich und die Schweiz zeigten bessere Kompetenzausprägungen.

In diversen Studien wurde herausgearbeitet, daß deutschen Managern mangelnde Kompetenz in starren Führungsstrukturen, aber auch eine zu starke operative Ausrichtung eigen ist. Um die Stabilität eines Unternehmens zu sichern, muß deshalb Managementkompetenz künftig neu definiert werden. Sie zeichnet sich durch die Fähigkeit aus, den Anforderungen des Marktes schnell und flexibel zu entsprechen, den individuellen Wertschöpfungsbeitrag im Unternehmensprozeß zu intensivieren und Innovationen strukturell und kollektiv zu mobilisieren. Wenn man die Ausprägung der Führungskompetenz an direkten und indirekten

* International Institute for Management-Development

wirtschaftlichen Folgen für das Unternehmen festmacht, so sind wesentliche Defizitfaktoren: Wirkungsgrade der Delegation, Erfolgs- und Qualitätskontrolle sowie eine zu starke operative Orientierung der Führungskräfte, anstelle einer strategischen Ausrichtung ihres Denken und Handelns. Führungskräfte wirken durch ihr Verhalten und ihren Führungsstil auf die Innovations- und Leistungsfähigkeit ihrer Mitarbeiter.

Noch immer werden die Auswirkungen mangelnder Managementkompetenzen auf die Ertrags-, Innovations- und Leistungsfähigkeit des Unternehmens unterschätzt. Immer noch wird der Erfolgs- und Effizienzgrad von Führungskräften vorrangig an monetären Faktoren gemessen. Aktive Personalentwicklung findet nur bis zur Altersgruppe 35 - 40 Jahre statt. Kompetenzförderung erfolgt häufig kollektiv und nicht individuell. Die Herausforderungen an Führungskräfte in immer dynamisch sich verändernden Marktbedingungen sind nahezu deckungsgleich mit speziellen Coaching-Fähigkeiten. Ein erfolgreicher Coach muß:

- Visionen entfalten und Innovationen fördern können
- Strategien entwickeln können
- Arbeitsprozesse entschlacken und erneuern können (Reengineering, KVP*)
- Wertschöpfung optimieren und Kunden langfristig an das Unternehmen binden können (Kostenmanagement, Benchmarking, Customer Services)
- Eine lernende Organisation gestalten helfen, als Coach und durch Leadership
- Mitarbeiter zum eigenverantwortlichen Handeln ermutigen (Empowerment)

Auf der folgenden Kompetenz-Skala muß er in allen drei Bereichen ein kompetenter Partner sein, sonst ist er gar nicht in der Lage, seine Mitarbeiter engpaßkonzentriert zu

* Kontinuierlicher Verbesserungsprozeß

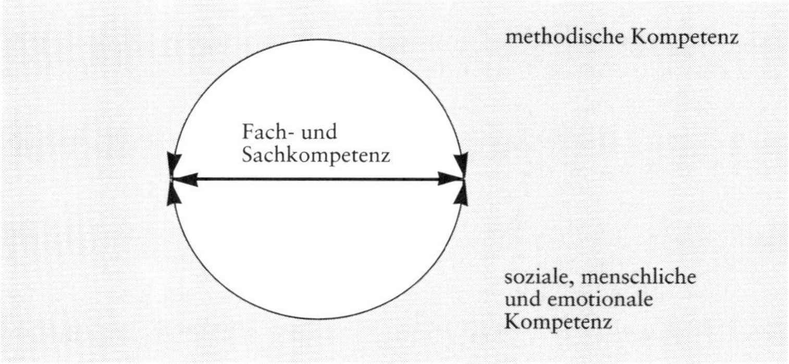

Abb. 9: Kompetenzskala

entwickeln und zu coachen. Er darf, mit SEBASTIAN HAKELMACHER gesprochen, in der Entwicklung vom „Teen-Ager" zum „Man-Ager" über den Wolken der „Spitzenleistungen" weder der Hyper-Dynamiker sein, der sich durch provozierende Zielsetzungen für seine Mitarbeiter auszeichnet, noch der bürokratische Phlegmatiker, der in fanatischer Weise dem Vorsichtsprinzip huldigt und nach der „Bonsai-Methode" führt: Jede aufkeimende Initiative wird sofort kräftig beschnitten. Auch der „optimistische" Manager-Typ, der auch dann, wenn er die Übersicht verloren hat, den Mut zu Entscheidungen hat, dürfte kein geeigneter Coach sein, ebensowenig der „hochintellektuelle" Manager, der zu jedem Problem kluge Fragen stellt und scharfsinnige Lösungen vorschlagen kann, die gar nicht zum Problem passen. Aber auch der „Praktiker", der stets große Stücke auf sich hält und für den Konzeption und Konfusion identische Begriffe sind, weiß, daß die Alternative zur Sackgasse der Holzweg ist und folgt ihm entschlossen. Neben all den sogenannten „gemeinen" Managern gibt es die distanzierten Konzernmanager, die zwar den Überblick haben, aber von der Basis keine Ahnung. Auch der „Euro-Manager", ein gesellschaftliches As mit erotischer Ausstrahlung, der sich vornehmlich auf Airports aufhält, ist nicht geeignet – um nur einige „Typen" zu nennen. Schaut man sich speziell in Großunternehmen um, so ist der Manager eine sehr bedeutende, aber pflegebedürftige Erscheinung, wobei der Topmanager meistens die „Krone der Erschöpfung“ ist. Für ihn ist alles Streß, was nicht Lunch oder Kaffeepause ist.

Nun, welche speziellen Coaching-Fähigkeiten sind es, die Coaching erfolgreich machen? Zuallererst muß der Coach ein *Mensch* sein. Einer, der zwar den Überblick hat, aber trotzdem „auf dem Teppich“ bleibt. Ein Mensch, der zu sich, seinen Stärken und Schwächen steht, der echt und authentisch ist. Das läßt sich anhand der folgenden Entwicklungskette darstellen:

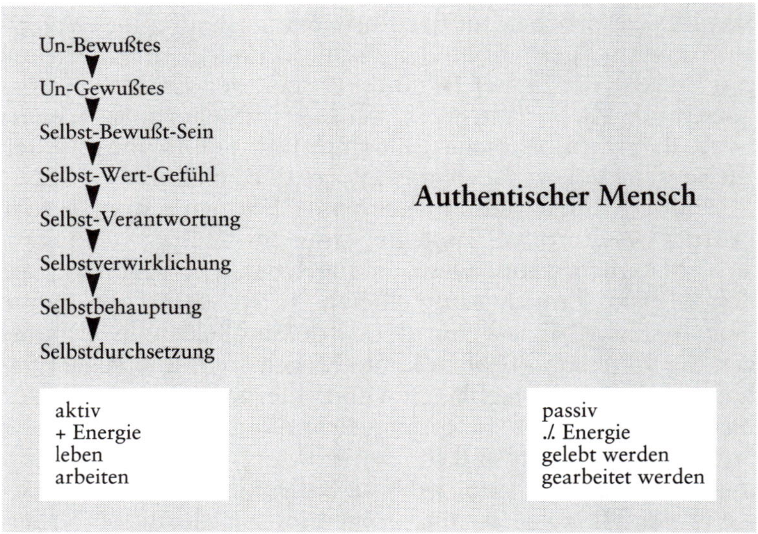

Abb. 10: Authentizität und Coaching

Nur wenn ich all diese Schritte für mich selbst erarbeitet und durchlaufen habe, kann ich aktiv sein, kann ich leben und arbeiten und bin auch für meine Mitarbeiter ein authentischer Ansprechpartner. Nicht alle Dinge, die mir unbewußt sind, die also meinen „Schatten“ betreffen, werde ich mir im Laufe meines Manager-Lebens bewußt machen können und damit aktiv nutzbar. Hilfreich ist es aber schon, wenn ich mich bemühe, wenigstens einen Teil davon aus der „Oberflächenstruktur“ (siehe Kapitel 2) zu befreien und zu den Wurzeln zurückzukehren. Dabei kann die *Transaktionsanalyse* eine gute Hilfe sein. Dieses Modell ist inzwischen so bekannt, daß ich mich auf die wesentlichen Punkte beschränken möchte. Hilfreich ist es, sich mit den vier Grundeinstellungen oder Grundprogrammen auseinanderzusetzen.

Die Grundeinstellungen werden schon in der Kindheit, durch die Beachtung, die man erhält, festgelegt. Für uns alle ist die Beachtung durch andere ein Grundbedürfnis.

Die „Ich-Zustände“

Lassen Sie uns im folgenden einmal zurück in die Kindheit gehen und in unsere Entwicklung, die wir alle mitmachen, sowohl der Vorgesetzte als auch seine Mitarbeiter:
Zu unserem Überlebensdrang und dem Umgang mit den Botschaften aus unserer Umgebung bilden wir uns schon sehr früh eine Vorstellung über den Platz, den wir im Verhältnis zu anderen Menschen einnehmen. Unsere Grundeinstellung entwickelt sich je nachdem, welche Zuwendungen wir erhalten, und wie sich die Behandlung durch andere in unserem Inneren niederschlägt. Diese frühe Grundeinstellung kann durchaus ein Leben lang anhalten und unser Verhältnis zu unserer Mitwelt bestimmen. Wir sind zwar nicht ständig auf eine besondere Haltung festgelegt, sondern wechseln unsere Haltung von Fall zu Fall. Trotzdem gibt es eine ganz bestimmte längerfristige Verhaltensweise, die uns vorgibt, „Gewinner“, „Nicht-Gewinner“ oder „Verlierer“ zu sein. Diese Grundeinstellungen oder Grundprogramme lassen sich grafisch darstellen.

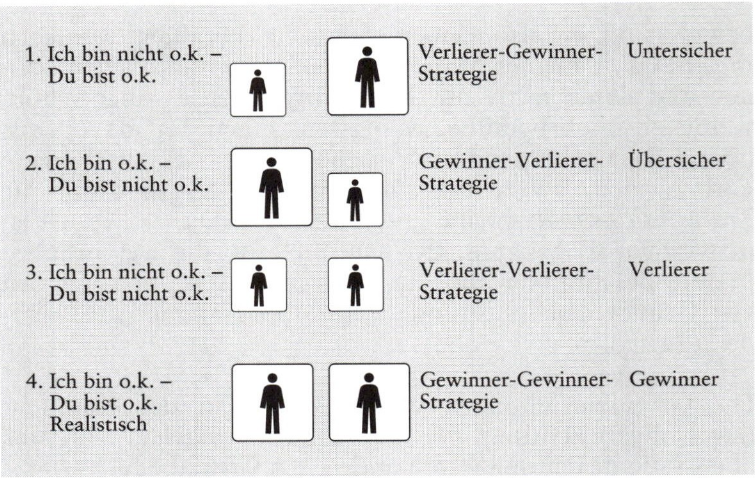

Abb. 11: Die 4 Grundprogramme Gewinner-Gewinner-Strategie

Erstrebenswert und für die Coaching-Funktion wichtig ist die Grundhaltung „Ich bin o.k. – Du bist o.k.“. Sie offenbart eine tiefe Übereinstimmung mit sich selbst, die Fähigkeit loszulassen, anderen Menschen zu vertrauen und Verantwortung auch zu delegieren. Nun bleiben aber viele Menschen durch die Umwelteinflüsse in den Zwischenphasen 1 und 2 in ihrer Entwicklung stecken. Speziell Menschen, die relativ früh Karriere machen, sich selbst stark antreiben, sehr ehrgeizig sind, neigen dazu, sich übersicher zu verhalten, mit der Grundeinstellung „Ich bin o.k. – Du bist nicht o.k.“. Das bedeutet, man traut anderen einfach nicht soviel zu, neigt eher dazu, bei anderen Fehler zu suchen, als ihre Fähigkeiten zu entdecken und zu entwickeln. Das hat etwas mit unserer Energieverteilung im Rahmen unserer Persönlichkeitsstruktur zu tun. Wir können hier eine „Landkarte“ menschlicher Energiepotentiale entwickeln, die dem Coachingprozeß förderlich oder hinderlich sind.

Im folgenden die „visuelle Landkarte“:

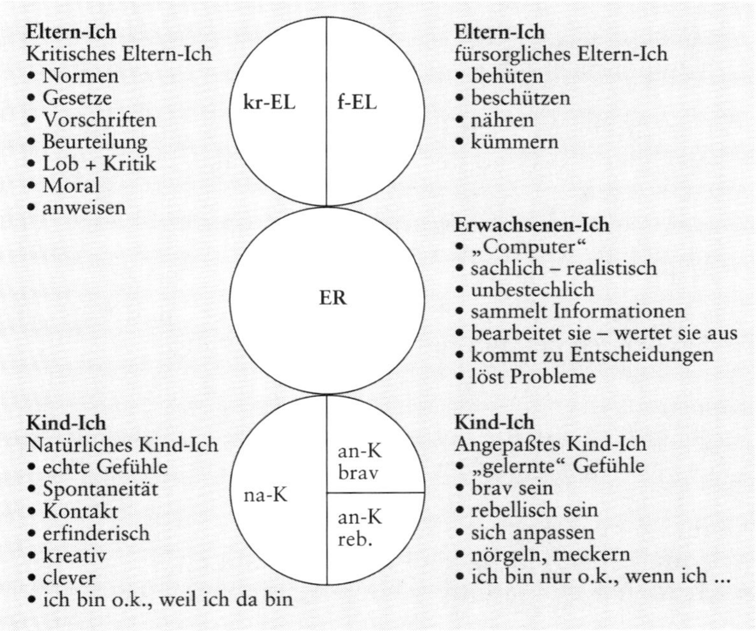

Abb. 12: Eltern-Ich, Kind-Ich, Erwachsenen-Ich

Eine Erklärung zu den Ich-Zuständen, wie man sie nennt, im einzelnen:

Eltern-Ich (EL):
Im Eltern-Ich handelt der Mensch aus dem Bedürfnis heraus, andere zu

- korrigieren und belehren,
- tadeln und bestrafen,
- schützen und betreuen.

Forderungen aus dem Eltern-Ich bestehen aus Überzeugungen und Normen.

Erwachsenen-Ich (ER):
Im Erwachsenen-Ich

- erforscht der Mensch Tatsachen und deren Auswirkungen,
- berechnet den Grad der Wahrscheinlichkeit, mit dem diese eintreten,
- denkt nüchtern über sachliche Zusammenhänge und emotionale Reaktionen nach.

Das Erwachsenen-Ich ist unser „Computer“ und führt uns in den Bereich der autonomen Verantwortung.

Kind-Ich (K):
Im Kind-Ich sind alle unsere Wünsche, Bedürfnisse und Gefühle enthalten. Aus dem Kind-Ich kommen

- Einengung, Angst und Trotz,
- Spontaneität, Hochgefühl und Begeisterung,
- Kreativität und intuitiv-schöpferisches Verhalten.

Impulse aus dem Kind-Ich bilden den Bereich der Vitalität und Kreativität.

Nun – wenn ich weiß, welche Persönlichkeitsstruktur ich habe, und wie sich meine Energie innerhalb dieser Ich-Zustände verteilt, so kann ich meine Stärken und Schwächen für den Coachingprozeß bewußter ermitteln und einsetzen.

Um den Ich-Zustand, aus dem ein Mensch gerade handelt, zu erkennen, ist es wichtig

- die Körpersprache,
- den Klang der Stimme und
- die sprachlichen Formulierungen

zu berücksichtigen. Beispiele dazu sind:

kritisches EL	erhobener Zeigefinger, Kopfschütteln laute Stimme „Man darf nicht ...“
ER	ausgeglichene Bewegung des Körpers sachlich „Ich glaube...“, stellt Fragen
angepaßtes K	gesenkter Kopf (ängstlich stockend) „Ich will aber nicht ...“

Jeder Mensch hat diese drei Ich-Zustände in sich. Die Energieverteilung innerhalb der einzelnen Ich-Zustände ist jedoch von Mensch zu Mensch unterschiedlich. Beispiele sind wie folgt möglich:

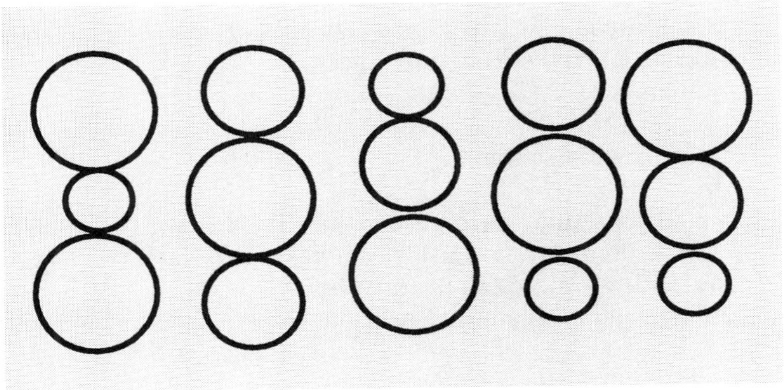

Abb. 13: Energieverteilungen

Ich möchte Sie einladen, selbst einmal zu erkunden, für sich selbst auszuprobieren, wie Ihre Energie innerhalb Ihrer Ich-Zustände verteilt ist. Im folgenden finden Sie einen Fragebogen, den Sie selbst auswerten können und der aus sich heraus verständlich ist.

Test „Ich-Profil“

Bitte geben Sie jeweils an, ob Sie den untenstehenden Aussagen eher zustimmen können (Spalte „einverstanden“ ankreuzen), oder ob Sie sie eher ablehnen (Spalte „nicht einverstanden“).

Versuchen sie, möglichst spontan zu antworten. Entscheiden Sie sich bitte bei jeder Aussage für eine der beiden Spalten; ein „Unentschieden“ ist nicht möglich. Die Fragen erscheinen teilweise banal und ärgerlich. Die Ergebnisse sind aber relativ „treffsicher“.

	einverstanden	nicht einverstanden
1. Der Jugend von heute würde es nicht schaden, wenn sie versuchen würde, Erfahrungen von Älteren zu verstehen und anzuwenden.		
2. Ich fahre gern schnell.		
3. Im allgemeinen gelingt es mir, nach außen hin einen ruhigen Eindruck zu machen, auch wenn ich innerlich völlig außer mir bin.		
4. Es fällt mir leicht, andere Menschen zu trösten.		
5. Menschen, die gerne den Chef herauskehren, mangelt es gewöhnlich an Selbstvertrauen, auch wenn sie sich dessen nicht bewußt sind.		

	einverstanden	nicht einverstanden
6. Ich mag es nicht, wenn Menschen nicht verstehen, was ich meine und dann bitten, das Ganze zu wiederholen.		
7. Wirkungsvollere Menschenführung besteht darin, daß man Leute dazu bringt, ihr Bestes zu geben, statt nur auf das eigene Wohl zu schauen.		
8. Ich stehe immer auf der Seite des Schwächeren.		
9. Meiner Meinung nach ist es gesund, über Sex, den menschlichen Körper, Intimität usw. offen zu diskutieren.		
10. Es fällt mir schwer, mich an eine Diät zu halten, mit dem Rauchen aufzuhören, usw.		
11. Im Fernsehen sieht man heutzutage zuviel Gewalt.		
12. Ich bin der Meinung, daß jedermann nach einem Fehler eine zweite Chance verdient.		
13. Ich bin überzeugt, daß völlige Offenheit und Aufrichtigkeit anderen gegenüber möglich ist.		

	einverstanden	nicht einverstanden
14. Ich bin der Meinung, daß 95% der wirklich großen Entscheidungen im Leben aufgrund von Gefühlen getroffen werden.		
15. Heute lassen sich viel zuviele Menschen durch andere herumschubsen.		
16. Im Gegensatz zu den meisten anderen Menschen fühle ich mich recht glücklich, wenn mal längere Zeit Schweigen herrscht.		
17. Ich kann mich an Situationen erinnern, in denen Erwachsene mich als Kind dazu brachten, mich zu schämen.		
18. Ich halte jene Berufe für die wertvollsten, in denen Menschen geholfen wird.		
19. Die moderne Zeit verlangt zuviel vom Menschen.		
20. Sogar wenn ich mit Fremden zusammen bin, ist es selten so, daß ich mich langweile, ungeduldig werde oder mich einsam fühle.		
21. Ich weiß, daß ich manchmal weniger trinken sollte.		

	einverstanden	nicht einverstanden
22. Es ist für mich wichtig, daß die anderen Menschen eine gute Meinung von mir haben.		
23. Meine Eltern haben mich dazu angespornt, Dinge selbst zu untersuchen und kennenzulernen.		
24. Ich fühle mich unbehaglich, wenn etwas Unerwartetes geschieht.		
25. Auch wenn man davon überzeugt ist, daß das Leben nicht lebenswert ist, hat niemand das Recht, Selbstmord zu begehen.		
26. Ich versuche, viele Kurse, Veranstaltungen, Vorträge usw. zu besuchen.		
27. Manchmal sage ich mir selbst: „Halt den Mund, du redest zuviel!“		
28. Eine Möglichkeit, die heute so hohe Scheidungsziffer zu reduzieren, wäre, die Scheidung so zu erschweren, daß die Ehe ernster genommen würde.		
29. Ich erröte selten oder nie.		

	einverstanden	nicht einverstanden
30. Die meisten Fehler beruhen eher auf Mißverständnissen als auf Nachlässigkeit.		
31. In Spannungssituationen fühle ich mich so unbehaglich, daß ich mich gezwungen fühle, die Situation zu ändern.		
32. Den meisten jungen Männern tut der Wehrdienst gut.		
33. Ich mußte schon mehrmals meine Überzeugung aufgrund von neuen Informationen ändern.		
34. Demut ist eine Tugend, vielleicht sogar die größte.		
35. Ich bin der Meinung, daß Kinder ihren Eltern Respekt entgegenbringen müssen.		
36. Erfahrung ist nützlich, aber in den meisten Fällen muß man die Erfahrung an neue Tatsachen und Informationen anpassen.		
37. Ehen zwischen Partnern verschiedener Rassen oder Länder sind von vornherein zum Scheitern verurteilt.		

	einverstanden	nicht einverstanden
38. Es macht mir nichts aus, allein zu sein.		
39. Manchmal ertappe ich mich dabei, daß ich sage: „Ich mache die Spielregeln nicht, ich befolge sie nur.“		
40. Man kann die menschliche Natur nun einmal nicht ändern.		
41. Es fällt mir leicht, in öffentlichen Veranstaltungen das Wort zu ergreifen.		
42. Manchmal fühle ich mich so entmutigt, daß ich einfach davonlaufen möchte.		
43. Man sollte die Todesstrafe nie ganz abschaffen.		
44. Man sollte häufiger zur Kirche gehen.		
45. Die meisten Entscheidungen haben Folgen, ich ziehe es vor, die Folgen so gut wie möglich abzuschätzen, bevor ich eine Entscheidung treffe.		
46. Es ist für mich wichtig, daß andere mit mir einer Meinung sind.		

	einverstanden	nicht einverstanden
47. Es macht mir Spaß, die Führungsrolle zu übernehmen, Herr der Situation zu sein, Verantwortung zu tragen.		
48. Sogar bei geselligen Anlässen ertappe ich mich dabei, daß ich Geschäftliches bespreche oder Informationen aus Zeitschriften und Büchern sammle.		
49. Es ist nicht immer einfach, nur Mitarbeiter zu sein, aber es ist besser, als Chef zu sein.		
50. Ich langweile mich schnell.		
51. Meines Erachtens wäre der Gesellschaft damit gedient, wenn die bestehenden Gesetze strenger angewendet würden.		
52. Wenn ich das Bedürfnis habe zu weinen, dann schäme ich mich meiner Tränen nicht, auch nicht im Beisein anderer.		
53. Wenn ich glaube, daß jemand im Unrecht ist, so sage ich ihm das auch.		
54. Ich beneide die Menschen, die ihre Karriere aufgeben, um ein neues Leben anzufangen.		

	einverstanden	nicht einverstanden
55. Erfolg im Leben stellt sich nur durch harte Arbeit ein.		
56. Ich versuche immer, Routinelösungen zu vermeiden und neue Wege zu gehen.		
57. Kinder sollten nie geschlagen werden.		
58. Ich neige dazu, andere durch scharfe Fragen und aggressives Verhalten herauszufordern.		
59. Die meisten Menschen sind sehr wohl in der Lage, ihre Ziele klar zu verfolgen und sich selbst zu kontrollieren.		
60. Durch Gartenarbeit, Schwimmen, Sex und andere Formen körperlicher Betätigung fühle ich mich von Kopf bis Fuß fit.		
61. Menschen, die meiner Meinung nach übertrieben untertänig sind oder beim geringsten Druck nachgeben, regen mich auf oder widern mich an.		

Anleitung für die Auswertung des Tests

Auswertungsblatt A:
Vergleichen Sie Ihren Test mit dem Auswertungsblatt A. Suchen Sie dort die Nummer jeder Aussage auf, die Sie im Test mit „Ja“ beantwortet haben, und kreuzen Sie das entsprechende „Kästchen“ an.

Beispiel:
Angenommen, Sie haben die Aussage Nr. 2 „Ich fahre gern schnell“ mit „Ja“ beantwortet. Sie suchen die Zahl 2 im Auswertungsblatt und finden sie in der Säule für das Kind-Ich, genauer: In der Säule für das natürliche Kind-Ich und kreuzen das entsprechene „Kästchen“ an.

2	☒	
6	☐	natürliches
10	☐	Kind-Ich

Gehen Sie auf diese Weise den ganzen Test durch. Zählen Sie jedes angekreuzte Kästchen als 1 Punkt, notieren Sie für die zwei Testsäulen des Eltern-Ich bzw. des Kind-Ich das Zwischenergebnis und schließlich die Gesamtergebnisse für EL, ER und K.

Ich-Profil: Auswertungsblatt A

Eltern-Ich

fürsorgliches Eltern-Ich

1, 4, 5, 8, 11, 12, 15, 18, 19, 57, 25, 28

Zwischenergebnis

kritisches Eltern-Ich

32, 35, 37, 40, 43, 44, 47, 50, 51, 53, 55, 58, 61

Zwischenergebnis

Gesamtergebnis Eltern-Ich

Erwachsenen-Ich

3, 7, 9, 13, 16, 20, 23, 26, 29, 30, 33, 36, 38, 41, 45, 48, 52, 56, 59

Gesamtergebnis Erwachsenen-Ich

Kind-Ich

natürliches Kind-Ich

2, 6, 10, 14, 24, 42, 54, 60

Zwischenergebnis

angepaßtes Kind-Ich

17, 21, 22, 27, 31, 34, 39, 46, 49

Zwischenergebnis

Gesamtergebnis Kind-Ich

Auswertungsblatt B

1. Übertragen Sie die Punktzahlen der Gesamtergebnisse in das untenstehende EL-ER-K-Profil. Haben Sie z. B. beim Eltern-Ich als Gesamtergebnis 13 Punkte erhalten, so markieren Sie die Eltern-Ich-Linie im Profil auf der entsprechenden Höhe.

2. Verbinden Sie die so erhaltenen Fixpunkte in den drei Säulen untereinander. Das Ergebnis ist Ihr Ich-Profil.

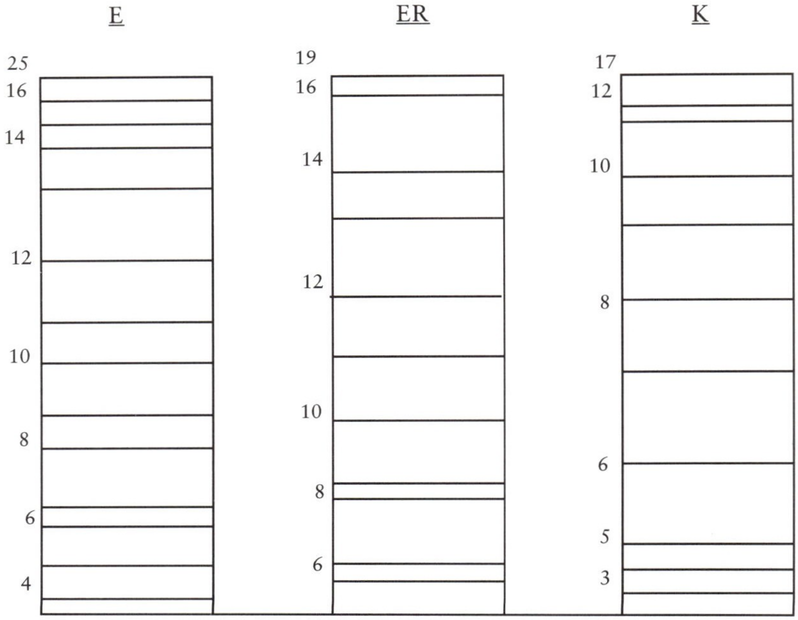

Auswertungsblatt C

Entnehmen Sie dem Auswertungsblatt A die Punktwerte für die beiden Eltern-Ichs und die zwei vom Test abgedeckten Kind-Ichs (naK und anK) und übertragen Sie sie in die entsprechenden Säulen. Das Ergebnis zeigt Ihnen, wie Ihr Eltern-Ich bzw. Kind-Ich zusammengesetzt ist.

ELTERN-ICH

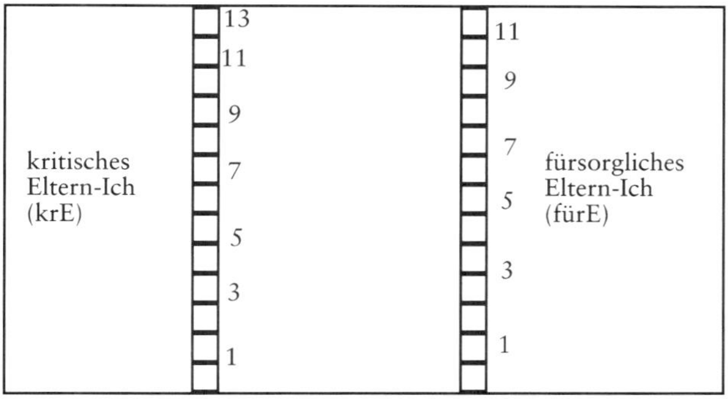

KIND-ICH

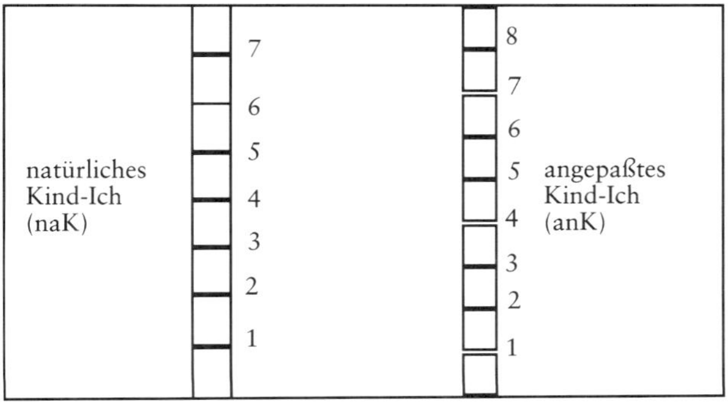

Nun, welche speziellen Coaching-Fähigkeiten sind gefragt? Was ergibt sich für Sie, als Vorgesetzter, als Coach daraus?

Was ergibt sich für Sie als Vorgesetzter daraus?

Wie ist das mit Ihrer Energieverteilung? Es gibt keine guten und keine schlechten Ich-Zustände, sondern eben nur die Neigung, wie wir unsere Energie verteilen. Wenn wir viel Energie im Eltern-Ich haben, so wird uns das beim Coaching zunächst etwas Schwierigkeiten bereiten. Wichtig ist, daß wir immer wieder überprüfen, welche Grundeinstellung wir haben. Aus der „o.k.-o.k.“-Position können wir gar nicht so viel falsch machen.

Der Begriff Transaktionsanalyse bezeichnet den Austausch von Informationen auch als Transaktionen. Transaktionen erfolgen sprachlich und nicht-sprachlich. Unsere Energieverteilung bestimmt unser Kommunikationsverhalten.

Ein guter Coach braucht viel Energie im natürlichen Kind-Ich, um Vertrauen, Kontakt und Nähe zu seinen Mitarbeitern herzustellen und ausreichend Energie im Erwachsenen-Ich, um seinen Gesprächspartner, seinen Mitarbeiter zu fördern und zu entwickeln.

Das sieht grafisch folgendermaßen aus:

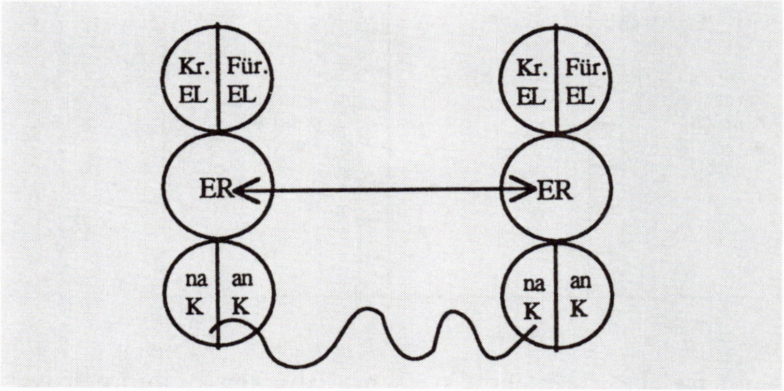

Abb. 14: Parallele, effektive Transaktionen

Man spricht von einer parallelen, effektiven Transaktion.

Beispiel:
Stellen Sie sich vor: Ihr Mitarbeiter, der schon längere Zeit mit Ihnen zusammenarbeitet, macht immer wieder die gleichen Fehler. Sie haben schon einige Kritikgespräche mit ihm geführt. Dabei haben Sie die Grundeinstellung: „Ich bin o.k. realistisch – Du bist o.k. realistisch", vertreten. Wichtig ist nun, daß Sie wirklich darauf achten, was der Mitarbeiter gut macht, d. h., wie er Fortschritte zeigt. Dann ist es wichtig, daß Sie Kontakt herstellen von Ihrem natürlichen Kind zum natürlichen Kind des Mitarbeiters, z. B.: „Heute habe ich mich gefreut, Herr Meyer. Ich finde es schön, daß Sie Ihre Arbeit nun so fehlerfrei gemacht haben." Gleichzeitig ist es wichtig, daß Sie aus dem Erwachsenen-Ich einen „Vertrag" mit dem Mitarbeiter schließen, wie es nun positiv weitergehen soll, z. B.: „Wie können Sie sicherstellen, daß es in dieser Form weitergeht?" Das bedeutet: Der Mitarbeiter fühlt sich ernst genommen, er wird in die Verantwortung genommen, in sein „Erwachsenen-Ich". Gleichzeitig kann er sich mehr mit der Aufgabe identifizieren, mehr Motivation und Spaß haben (natürliches Kind-Ich). Es entsteht Verbindlichkeit, Eigenverantwortung – Commitment.

Der Gegensatz dazu sind die uneffektiven Transaktionen, z. B.: Sie ärgern sich über Ihren Mitarbeiter, der immer wieder denselben Fehler macht. Gerade, wenn man unter Streß ist, und selbst Ärger hat, kann einem leicht eine Äußerung wie diese entfahren: „Herr Meyer, wie oft habe ich Ihnen schon gesagt, daß Sie diesen Fehler einfach nicht machen dürfen. Nehmen Sie sich doch einmal zusammen!"

Nur mit einer ausgeglichenen Energieverteilung schaffen wir es, in die erstrebenswerte Grundhaltung: „Ich bin o.k. realistisch – Du bist o.k. realistisch", zu kommen und effektiv zu kommunizieren.

Wenn der Mitarbeiter das Über- und Unterordnungsverhältnis anerkennt, kann die Transaktion so aussehen, daß der Mitarbeiter betreten reagiert und sagt: „Natürlich werde ich mich zusammennehmen, ich werde mich bemühen ...“ In diesem Über-/Unterordnungsverhältnis wird der Verstand, werden die Fähigkeiten des Mitarbeiters, die Eigenverantwortung, nicht gefordert.

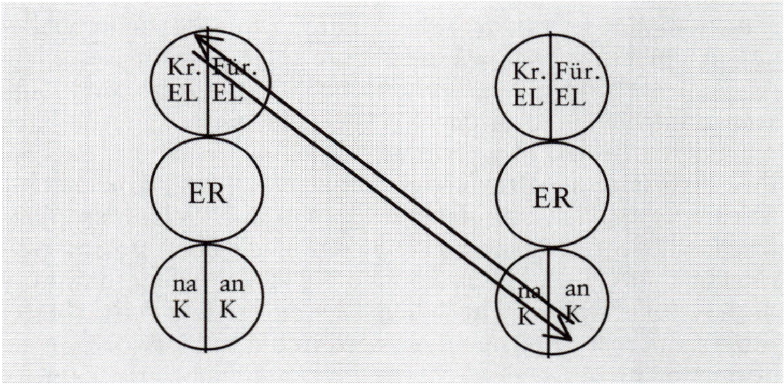

Abb. 15: Parallele, oft uneffektive Transaktionen von oben nach unten und zurück

Noch schlimmer sind die gekreuzten Transaktionen. Hier entsteht ein Konflikt, eine echte Energieblockade, z. B.:

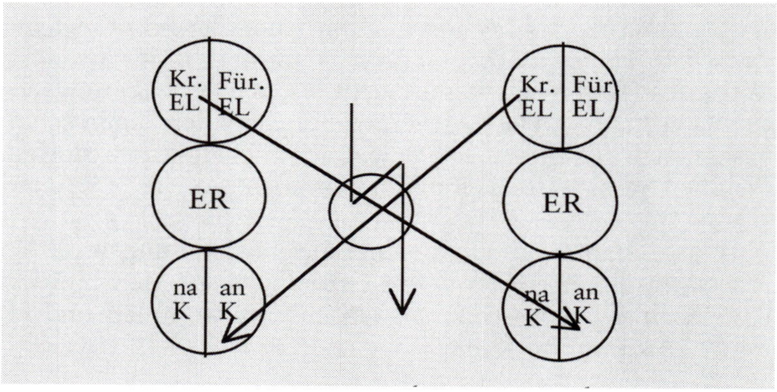

Abb. 16: Gekreuzte Transaktionen: Energieblockade-Konflikt

Auf Ihren Vorhalt mit den Fehlern im vorangegangenen Beispiel reagiert der Mitarbeiter plötzlich unerwartet wie folgt: „Kehren Sie doch vor Ihrer eigenen Tür! Sie nörgeln nur dauernd an mir herum und geben mir überhaupt keine Hilfestellung!" Damit ist beiderseits zunächst ein weiteres vernünftiges Gespräch blockiert.

Nur mit der Energieverteilung aus Abbildung 14 schaffen wir es, in die erstrebenswerte Grundhaltung: „Ich bin o.k. realistisch – Du bist o. k. realistisch", zu kommen.

Im folgenden einige Beispiele:

Im Milchtrocknungswerk eines großen Konzerns wurde auf CIM = Computer Integrated Manufacturing umgestellt. Die Mitarbeiter reagierten völlig unterschiedlich. Meister Olafsen bekam schwere Probleme. Er ist so das, was man einen typischen „Haudegen" nennt: Er hat sich von der Pike auf hochgearbeitet und ist ein absoluter Fachmann auf seinem Gebiet. Natürlich hat er es auch nicht versäumt, sich selbst im Bereich der EDV weiterzubilden und konnte das System sehr schnell selbst beherrschen. Er ist ein sehr intensiver, energischer Mann, der sicherlich sehr viel Energie im kritischen Eltern-Ich hat. Mit Freude machte er sich an die neuen Geräte und erklärte seinen Mitarbeitern nur ganz kurz: „Das geht so und so und so, und schließlich könnt Ihr das alles ja auch nachlesen", zeigte ihnen, wie die Geräte einzustellen seien und wie die Programme abliefen.

Das Ergebnis:

Die Mitarbeiter fühlten sich klein und hilflos, einige von ihnen hatten schlaflose Nächte. Ein großer Teil wurde krank. Ich glaube nicht, daß die Leute krank machten. Sie hatten schlicht und einfach Angst, der Sache nicht gewachsen zu sein. Der Meister: „Ich bin von lauter Idioten umgeben, wenn ich nicht alles selber mache ..."

Es traten viele Fehler auf, es gab „innere Kündigungen“. Wir von der dta wurden gerufen, um Abhilfe zu schaffen. Um so erstaunter waren wir, als wir uns die andere Abteilung ansahen, die von Meister Hansen geleitet wurde. Auch Meister Hansen war ein „self-made-man“. Er zeigte aber eine völlig andere Persönlichkeitsstruktur. Ich kann mir vorstellen, daß er viel Energie in seinem natürlichen Kind-Ich und in seinem Erwachsenen-Ich einsetzte.

Noch bevor die neuen Anlagen kamen, setzte er sich mit seinen Mitarbeitern zusammen und bereitete sie auf die Veränderung vor, nicht etwa mit Angst und Schrecken, wie es Meister Olafsen tat, was da alles auf die Leute zukommen könnte. Er entwickelte gemeinsam mit seinen Mitarbeitern eine Vorstellung vom künftigen Ablauf der Produktion. Sie erarbeiteten miteinander eine Vision von der Zukunft. Damit erzeugte Meister Hansen einen Sog, daß die Leute sich auf die neue Anlage freuten, weil sie gemeinsam erarbeitet hatten, welche großen Vorteile diese Anlage mit sich bringen wird. Meister Hansen mußte dafür zwar viel Zeit investieren. Er mußte die Leute motivieren, in Qualitätszirkeln Überstunden zu machen, um sich gemeinsam mit seinen Mitarbeitern auf die neue Zukunft vorzubereiten. Visionen schaffen heißt, Kontakt vom natürlichen Kind zum natürlichen Kind-Ich zu erzeugen und den Mitarbeiter ins Erwachsenen-Ich zu holen, also Mitverantwortung für das Bewältigen der Zukunft zu übertragen. Meister Hansen war ein „sozialer Architekt“. Er baute das Zukunftsgebilde gemeinsam mit seinen Leuten. Der erfolgreichste Führer von allen ist derjenige, der ein anderes, noch nicht verwirklichtes Bild sieht. Er sieht die Dinge, die in sein gegenwärtiges Bild gehören, aber noch nicht da sind ... Vor allem sollte er seine Mitarbeiter davon überzeugen, daß es nicht seine Ziele sind, die es zu erreichen gilt, sondern ein gemeinsames Ziel, geboren aus den Wünschen und Aktivitäten der Gruppe.

Entwicklung von „Personal Mastery"

Meister Hansen hatte bei sich das entwickelt, was man im lernenden Unternehmen *„Mastery"* nennt. Im hier verwendeten Sinn geht der Begriff auf das französische Maître zurück. Damit ist die Fähigkeit gemeint, nicht nur Resultate zu erzielen, sondern auch die Prinzipien zu beherrschen oder zu meistern, die der Hervorbringung dieser Ergebnisse zu Grunde liegen. Der Begriff „Mastery" birgt die Assoziation von Freude und Leichtigkeit, von Kreativität. Wenn ein Mensch die Fähigkeit und Bereitschaft entwickelt, die ihn umgebenden Kräfte und Einflüsse zu verstehen und zu nutzen. Das bedeutet, sich seiner selbst, seiner Stärken und Schwächen bewußt zu sein, klare Visionen zu entwickeln und gleichzeitig ein klares Bild der gegenwärtigen Realität zu bewahren. Dadurch entsteht eine innere Kraft, eine „kreative Spannung". Diese strebt nach Auflösung, und die natürlichste Auflösung dieser Spannung ist dann die Annäherung unserer Realität an unsere Wünsche.

Ein effektiver Coach besitzt die Fähigkeit, sich die große Bedeutung einer klaren Vision oder eines Ergebnisses bewußt zu machen, zu erkennen, daß er sein Leben unter Umständen auch von Grund auf ändern muß, um dieses Ergebnis zu erreichen, und sich trotzdem dafür zu engagieren. Er akzeptiert es auch, unter einem gewissen Zwang zu stehen. Er hat eine Vision, jedoch nicht nur auf der bewußten, sondern auch auf der unbewußten Ebene in sich aufgenommen, die sein Verhalten weit stärker beeinflußt. Er entwickelt eine Art gezielter Geduld mit sich selbst und seinen Mitarbeitern und achtet aufmerksamer auf das, was um ihn herum geschieht. All dies erzeugt eine anhaltende Energie und Begeisterung die – wenn auch manchmal mit Verzögerung – greifbare Ergebnisse herbeiführt, die dann wiederum die Energie und Begeisterung verstärken. Ein guter Coach beherrscht also die Disziplin des „Personal Mastery". Er lernt eine Form des Denkens zu kultivieren, die ihn allmählich dorthin führt. Je häufiger er diese Denkweise praktiziert, desto größer wird seine Kompetenz und Zuversicht. Wie bereits in den vorangegangenen Kapiteln ausgeführt wurde, gibt es aber bei einigen Menschen gewisse „Glaubenssätze“, die uns hindern, weiterzukommen.

Wenn ein Mensch denkt: „Ich werde meine Ziele und Visionen nie verwirklichen können, das weiß ich aus Erfahrung, ich weiß, daß ich nie bekomme, was ich mir wünsche“, dann wird er kein erfolgreicher Coach sein können. Ebensowenig, wenn das Gefühl besteht: „Ich kann meine Ziele nur unter Zwang erreichen, wenn ich keinen anderen Ausweg mehr sehe.“ Oder, das Denken ist eine Frage der Willenskraft. „Es liegt bei mir, ob ich gegen alle Hindernisse ankämpfe, die man mir in den Weg stellt ...“ Damit entstehen keine energetischen Spannungen, sondern die Blockaden manifestieren sich. Wie kann ein fähiger Coach diese emotionale Spannung bewältigen? Nicht indem er sie leugnet, sondern indem er versucht, sie deutlicher wahrzunehmen, bis er erkennt und annimmt, daß auch die emotionale Spannung zur gegenwärtigen Realität gehört.

Mit der Fähigkeit des „Personal Mastery“ schraubt der Coach seine Visionen nicht herunter, sondern nutzt sie als energetische Triebfeder und schreckt auch nicht davor zurück, die Welt so zu sehen, wie sie ist, auch wenn es ihm dabei nicht so gut geht. Eine wichtige Fähigkeit ist die klare und unverfälschte *Wahrnehmung der gegenwärtigen Realität.* Das bedeutet, sich selbst nicht nur in guten, sondern auch in schlechten Zeiten immer wieder die Frage zu stellen: Was geschieht in diesem Moment? Warum ist meine Realität so schwer zu bewältigen?

Und „Personal Mastery“ bedeutet, daß wir immer eine Wahl treffen müssen. Diese Wahl ist ein mutiger Schritt. Sie bedeutet, daß wir selbst die Ergebnisse und Handlungen auswählen, die wir dann auch verantworten. Die Ausübung vom „Personal Mastery" ist ein ständiges Gespräch in unserem Inneren. Eine Stimme erzählt, was wir erreichen wollen. Eine zweite Stimme gibt einen (häufig entmutigenden) Bericht über die Welt, in der wir leben. Eine dritte, oft gut versteckte Stimme sagt dann: „Ich habe meine Ziele selbst gewählt und ich glaube, daß ich sie verwirklichen kann." Ein Coach, der diese Disziplin ausübt, versucht alle drei Stimmen deutlich zu vernehmen, weil er weiß, daß die Kraft, die ihn zu seiner Vision hinzieht, aus ihrem Zusammenspiel erwächst.

Ein Coach, der über „Personal Mastery" verfügt und diese kreative Spannung öffentlich kultiviert, indem er einerseits eine gemeinsame Vision entwickelt und andererseits seinen Mitarbeitern hilft, die Systeme und die mentalen Modelle der gegenwärtigen Realität zu erkennen, kann eine ganze Organisation voranbringen, weil Organisationen durch kreative Spannung genauso angetrieben werden, wie die einzelnen Menschen darin. Die vorrangige Fähigkeit, die ein Coach entwickeln muß, ist, die kreative Spannung zuerst in sich selbst zu erzeugen und aufrecht zu halten.

Der Komponist und Lehrer ROBERT FRITZ entwarf einen dreistufigen Prozeß für die Übernahme einer kreativen „Lebensorientierung": Entwickeln einer persönlichen Vision, sich ein klares Bild von der gegenwärtigen Realität verschaffen und eine Wahl zu treffen, kurz, sich zu verpflichten, die Ergebnisse zu schaffen die man schaffen möchte (vgl. SENGE, 1996).

Immer noch lehnen einige Führungskräfte diese Vorstellung, „Personal Mastery" am Arbeitsplatz zu fördern, intuitiv ab, mit der banalen Begründung, daß persönliche Visionen im Widerspruch zum Unternehmenszweck stünden. Diese Auffassung ist allerdings ebenso überholt wie uneffektiv. Ich bin sogar der Meinung, daß nur eine Führungskraft, die selbst zu „Personal Mastery" kommen möchte, als Coach geeignet ist und diese Rolle übernimmt. Ein Coach kann nämlich nur etwas erreichen, wenn der „Spieler“ ein intrinsisches Leistungsbedürfnis hat. Nur wenn diese innere Motivation vorhanden ist, kann er als Coach Hilfestellung geben und den Zugang zu wichtigen Übungen und Einsichten erleichtern. Dabei besteht die erste Aufgabe eines Coachs allerdings darin, durch das eigene Verhalten modellhaft vorzuführen, wie das persönliche Potential sich entfalten kann, wenn man die kreative Spannung akzeptiert und selbst erzeugt. Im Laufe eines Coachingprozesses wird jede Führungskraft irgendwann mit der Frage konfrontiert werden: „Was halten Sie persönlich für den richtigen Weg?“ Wenn Sie dann als Coach keine klare Vorstellung von Ihrer eigenen Vision haben, werden Sie auch andere Menschen nicht dazu inspirieren können.

Alain Gauthier vertritt sogar die Meinung, daß die Führungskräfte die Pflicht haben, als Coach nach „Personal Mastery“ zu streben (vgl. Senge, 1996). Wenn Führungskräfte nicht über ein bestimmtes Maß an Selbsterkenntnis und Selbstverständnis verfügen, besteht nämlich die Gefahr, daß sie die Organisation für ihre eigenen Neurosen mißbrauchen. Das kann sehr gefährlich sein. Eine typische Coaching-Aufgabe im Rahmen von „Personal Mastery“ ist z. B., daß man seinen Mitarbeiter darauf hinweist, wie seine Zweifel an der Realisierbarkeit der Ziele seine persönliche Vision verdunkeln. Ein guter Coach muß konfrontieren können, er muß auch die Fähigkeit haben, eine klarere Vorstellung von der gegenwärtigen Realität des Mitarbeiters zu fördern, z. B. mit Fragen: „Was geschieht jetzt, in diesem Moment?“ Wichtig ist auch, daß ein Coach die Fähigkeit hat, offen auf Kollegen zuzugehen, sich Lernpartner zu suchen, um mit diesen gemeinsam ihre eigene Entwicklung zu besprechen und sich selbst „coachen“ zu lassen.

„Wissen ist wenig, Kunst ist König“

Was bedeutet dieses Sprichwort? Als Coach sind Sie eine Art Katalysator. Sie entwickeln und nutzen die Fähigkeiten Ihrer Mitarbeiter.

Was brauchen Sie als Coach dazu für Fähigkeiten?

- Die Analysefähigkeit, um den Entwicklungsstand für eine bestimmte Aufgabenbearbeitung einzuschätzen.
- Soziale Fähigkeiten, sich mit Ihren Bedürfnissen mitteilen zu können und die Bedürfnisse Ihres Mitarbeiters wahrzunehmen.
- Die Fähigkeit, mit den von einem Ihrer Mitarbeiter gemachten Fehlern so konstruktiv umzugehen, daß daraus eine gemeinsame Lernchance für Sie beide wird.

Zu einem funktionierenden Coaching im Unternehmen gehört aber auch eine Kultur, die das aufgabenbezogene Unterstützen und das Entwickeln eines Mitarbeiters als wesentliches Merkmal der gemeinsamen Leistungserbringung verfolgt. Diesen Nährboden muß ein guter Coach im Unternehmen schaffen. Er muß mit dazu beitragen, das Lernen und die Entwicklung der Mitarbeiter in den Führungsalltag zu integrieren, natürliches Lernen im Alltag zu ermöglichen.

Wie wir bei den beiden Meistern in dem Milchtrocknungswerk gesehen haben, welches auf CIM umgestellt wurde, kommt die Zukunft nicht einfach, sie wird gestaltet. Meister Hansen hat die Zukunft mit der Gegenwart bestimmt.

Stärken eines Coachs sind Delegieren und Motivieren, entscheidende Punkte finden, um Prioritäten zu setzen. Meister Hansen hat es geschafft, von der Stufe der Anpassung mit seinen Mitarbeitern zur Stufe der Autonomie zu kommen. Erst damit wird effektive Kommunikation möglich.

Das ging bei ihm sicher nicht ohne *Selbstmanagement.* Ich bin ziemlich sicher, daß Meister Olafsen selbst Angst vor dem Neuen hatte und mit dieser Angst schlecht umgehen konnte. Für ihn war die Einführung von CIM ein Zukunftsschock, ein Problem, mit dem er sich und seine Mitarbeiter durch sein Verhalten lähmte.

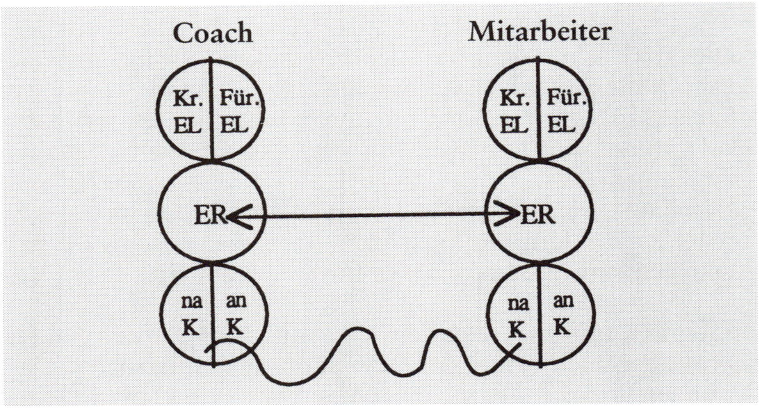

Abb. 17: Effektive Kommunikation zwischen Coach und Mitarbeiter

Für Sie als Coach sind Probleme Potentiale. Während Olafsen in seinen Mitarbeitern das sah, was sie waren, indem er sie in ihren Fähigkeiten selbst eingrenzte, wertete er sie ab und behandelte sie als „angepaßte Kinder“, die er seinerseits manövrieren und manipulieren mußte. Hansen als Coach sah in den Problemen Potentiale. Er sah die Möglichkeiten für Wachstum und Entwicklung. Er nutzte diese und beteiligte seine Mitarbeiter an der Verantwortung für das Neue. Ein effektiver Coach denkt ständig darüber nach, wie er gemeinsam mit seinen Mitarbeitern Wege finden kann, Probleme zu lösen und ihnen gleichzeitig zu helfen, selbst zu lernen, wie sie damit umgehen können.

Und das kann auf ganz verschiedene Weise erfolgen: Zunächst einmal durch eine Vision, dann durch Fragen, durch direkte Unterweisungen, durch das Teilhabenlassen an Informationen und gemeinsame Erfahrungen, durch einen positiven Rat, durch ganz gezielte Anweisungen, aber auch durch ständiges persönliches Feedback im Sinne von Verstärken von positivem Verhalten und Vertrauen auf die eigenen Fähigkeiten. Dabei ist es sicher gut, nach dem Modell aus Kapitel 4 vorzugehen, um die Reifegrade des Mitarbeiters zu erhöhen. Was aber noch viel wichtiger ist, ist das Selbstmanagement von Hansen in unserem Beispiel.

Gute Manager als Coach erfüllen folgende Voraussetzungen:

- Sie wissen, wie sie ihre Ich-Zustände mit positiver Energie besetzen, wie sie Kontakt zum anderen herstellen und gleichzeitig partnerschaftlich mit ihren Mitarbeitern arbeiten. Um mit Boris Becker zu sprechen, sie sind „mental gut drauf".
- Sie haben eine gute Grundeinstellung zu sich und den Fähigkeiten anderer. Sie können sich und andere besser wahrnehmen und mit diesen Erkenntnissen umgehen.

Sie leben den folgenden Spruch des Club of Rome: „Die Zukunft ist Dein Freund, nicht Dein Dieb." Das hat sehr viel mit Glaubenssystemen und Motivation zu tun. Der gute Coach weiß, welchen Einfluß die Motivation des einzelnen auf menschliche Leistungen hat. Er weiß und respektiert, wieviel von seinen eigenen Glaubensinhalten über Sinn, Ursache, Wirkung, Bedeutung und Wert seiner Handlungen abhängt und auch von der Einstellung seiner Mitarbeiter. Das gleiche gilt für die Glaubenseinstellungen über die eigene Persönlichkeit. Motivationsinhalte und Glaubensinhalte können Sie hinterfragen, identifizieren und verändern. Das geschieht ganz einfach, indem Sie den Betrachtungsstandpunkt ändern. Der Begriff dafür ist Reframing = Umdeutung.

Zum Beispiel können Sie bei sich und bei Ihren Mitarbeitern Aussagen hinterfragen: Wenn ein Mitarbeiter sagt: „Ich kann diese neue Maschine nicht bedienen, weil ich es nie zuvor getan habe", so können Sie auf folgende Weise fragen und umdeuten:

1. *Hinterfragen der Konsequenzen:* „Nun, dann werden andere Menschen von Ihnen nie etwas Neues erwarten?“
2. *Hinterfragen des Ziels:* „Das Thema ist nicht, ob Sie es können oder schon getan haben, haben Sie schon Ihr Bestes versucht?“
3. *Verallgemeinern:* „Bedeutet ein Mangel an bisherigem Erfolg immer Unmöglichkeit?“
4. *Gegenbeispiel:* „Als kleines Kind konnten Sie noch nicht einmal sprechen und laufen!“
5. *Umdefinieren:* „Ist es so, daß Sie es noch nie getan haben, oder, daß Sie es noch nicht versucht haben, es noch nicht ausprobiert haben?“

Dazu gehört aber wieder ein respektvoller Umgang mit den bisherigen einengenden Vorstellungen, die wir uns im Rahmen unseres Lebensskripts selbst geschrieben haben und die in unseren Grundeinstellungen nun einmal verwurzelt sind. Wir müssen schauen, welche Bedürfnisse des Mitarbeiters uns hier weiterhelfen könnten, wo er Sinn und Nutzen sehen könnte, sich nun doch z. B. an die neue Maschine zu trauen. Hier gilt wieder das Modell: Kontakt vom natürlichen Kind zum natürlichen Kind und gemeinsames Verhandeln auf der Erwachsenen-Ebene. Wenn wir von unserer Menschensicht aus Kapitel 2 ausgehen, so bedeutet das, daß jedem Verhalten eines Menschen zunächst eine positive Intention zugrunde liegt. Wir müssen also dem neuen, dem veränderten Verhalten zusätzliche Reize geben, damit der Mitarbeiter bereit ist, es auszuprobieren.

Wenn wir nochmals auf die Glaubenssysteme zurückkommen, auf all unsere Einstellungen und Denkansätze in den verschiedensten Bereichen, so ist wichtig: „Nicht die Dinge sind positiv oder negativ, sondern unsere Einstellungen machen sie so!“ Ich verursache das, was ich glaube (= sich selbst erfüllende Prophezeiung).

Wenn Ihr Mitarbeiter etwas tun soll, entscheidet sein Glaubenssystem über den Erfolg bzw. Mißerfolg. Das gleiche gilt natürlich auch für Ihren Coaching-Erfolg.

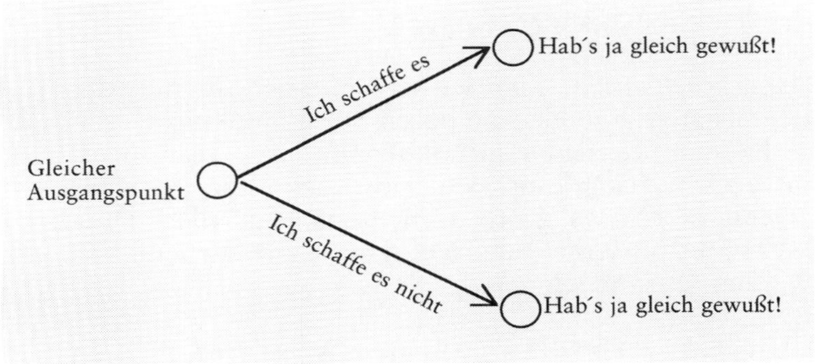

Abb. 18: Einstellung zum Erfolg

Im Sinne der sich selbst erfüllenden Prophezeiung werden Erfolge bzw. Mißerfolge unabhängig vom Ausgangspunkt verursacht.

Auf dem Weg zum „Personal Mastery" als Coach und der Hilfestellung zur „Personal Mastery" des Mitarbeiters werden Sie immer wieder Hemmnisse haben, werden Sie sich selbst Streß machen.

Mentales Training

Vier wichtige, unangenehme Stressoren sind:

- *Angst:* Wer sich der Angst stellt, kann durchaus lernen, allmählich mit ihr umzugehen.
- *Hast:* Es ist ratsam, sich öfter einmal zur Ruhe zu zwingen.
- *Ärger:* Wir sollten uns grundsätzlich zunächst mit den bloßen Fakten auseinandersetzen, bevor wir aufbrausen.

- *Selbstmitleid:* Sinnvoll und erstrebenswert ist es, unsere Energie zur Verbesserung der Situation einzusetzen, die der Auslöser unseres Selbstmitleids ist. Dann werden wir auch erkennen, daß wir Herr unseres Schicksals sind und es somit auch ändern können.

Dabei ist *mentales Training* sehr hilfreich. Es hilft uns, unsere negative Energie, die bösen Streß verursacht, in positive Energie, die den sogenannten Eu-Streß verursacht, umzuwandeln. Jeder kann sich selbst mental positiv einstellen. „Denn es ist das große Geheimnis, das allen gebildeten Menschen unserer Tage bekannt wird: Wir schaffen die Welt um uns täglich neu ..."

Ich selbst arbeite gern mit einem Mentaltraining, das ich bei Kurt Tepperwein gelernt habe. Ich gebe es Ihnen gerne weiter, wobei ein Seminarbesuch für Sie ein besonderes Erlebnis wäre.

Mentales Training
Imaginations-Meditation nach Prof. Tepperwein:

- Ich nehme die Meditations-Haltung ein
- Ich konzentriere die Vielfalt meiner Gedanken auf einen Punkt
- Ich bin ganz bewußt hier
- Ich richte meine gesammelte Aufmerksamkeit nach innen und beobachte meinen Atem
- Ich atme ruhig und gleichmäßig und lasse meinen Atem immer tiefer werden
- Ich bestimme die Qualität meines Atems und atme Ruhe und Gelassenheit
- Ich bin ganz still und friedlich. Ein tiefer Frieden erfüllt mich, ich bin eins mit mir und der Welt und ruhe in der Mitte meines Wesens

Ich atme tief ein, und während ich ausatme, stelle ich mir die Farbe „rot" vor.
Der Geist entspannt sich.
Ich atme tief ein, und während ich ausatme, stelle ich mir die Farbe „orange" vor. Arme und Beine werden locker.
Ich atme tief ein, und während ich ausatme, stelle ich mir die Farbe „gelb" vor. Mein Unterkörper entspannt sich.

Ich atme tief ein, und während ich ausatme, stelle ich mir die Farbe „grün" vor. Gemüt und Gefühle entspannen sich.
Ich atme tief ein, und während ich ausatme, stelle ich mir die Farbe „blau" vor.
Die Schultern und alle Muskeln entspannen sich.
Ich atme tief ein, und während ich ausatme, stelle ich mir die Farbe „lila" vor.
Nacken und Gesicht entspannen sich.
Ich atme tief ein, und während ich ausatme, stelle ich mir die Farbe „violett" vor.
Ich ruhe in meiner Mitte.

- Ich stelle mir nun eine Wiese vor
- Ich sehe nah bei der Wiese ein Wasser
- Ich tauche in dieses Wasser und wasche alles ab, was mich belastet
- Ich gehe nun hinauf auf einen Berg
- Ich öffne mich – oben angekommen – ganz dem Licht und werde eins mit dem Licht

Eins mit dem Licht, setze ich nun eine Ursache. Wort und Bild und Gefühl sind eins und stehen klar vor meinem geistigen Auge. Ich identifiziere mich bewußt mit dem erwünschten Endzustand und fühle, wie sich jetzt meine Vorstellung erfüllt. Ich gehe dann wieder froh und dankbar zurück.

Bei dem Ursachen setzen ist es wichtig, sich selbst einen Film zu drehen und zwar so, daß man als Hauptperson mitmacht, daß man alle Sinne anspricht, Sehen, Hören, Riechen, Fühlen, Schmecken und sich den Zustand so vorstellt, wie er sein sollte.

Dabei empfehlen sich kleine Schritte: Einfach einmal eine Sequenz, in der Sie sich vorstellen, wie Sie Ihre Mitarbeiter motivieren, wie diese reagieren, eine andere Sequenz, wo Sie Schritt für Schritt dem Erfolg immer näher kommen. Viel Erfolg dabei!

Zusammenfassung

Nun, was sind Ihre speziellen Coaching-Fähigkeiten? Als Coach sind Sie fähig, Zusammenhänge schnell und ganzheitlich wahrzunehmen. Sie wachsen jeden Tag weiter in Richtung „Personal Mastery". Ihre sozialen Fähigkeiten sind gut ausgeprägt. Sie haben die Grundeinstellung: „Ich bin o.k. – Du bist o.k.", und gehen entsprechend mit Ihren

Mitarbeitern um. Sie haben Ihre Fähigkeit, Potentiale Ihres Mitarbeiters zu erkennen, entwickelt. Sie sehen Fehler als Entwicklungschancen und helfen Ihrem Mitarbeiter, seine Potentiale weiterzuentwickeln.

Zum Abschluß dieses Kapitels empfehle ich Ihnen noch eine kleine Übung: Lehnen Sie sich doch einmal bequem zurück und überlegen Sie sich Situationen, wo Sie diese Fähigkeiten, die Sie sicher haben, bereits unbewußt benutzt und angewendet haben. Wenn Ihnen diese Fähigkeiten bewußt sind, können Sie noch effektiver damit umgehen.

6. *Wie gestaltet man Coaching im Vertrieb?*

Speziell im Vertrieb ist Training-on-the-job eine sehr wichtige Coachingvariante. Begleiten Sie Ihre Verkäufer beim Kundengespräch. Diese Begleitung findet jedoch erst dann statt, wenn entsprechend dem 4. Kapitel „Wie gestalten Sie als Führungskraft einen effektiven Coachingprozeß?" folgende Dinge erledigt sind:

1. Das Anforderungsprofil ist erstellt.
2. Der Wachstumsknoten ist eruiert.
3. Der Wie-Plan ist entwickelt.
4. Der Wie-Plan ist im Trockentraining trainiert.

Bevor Sie mit Ihrem Mitarbeiter ins Verkaufsgespräch gehen, klären Sie unbedingt folgende Themen mit dem Mitarbeiter ab:

1. Wie wird der Vorgesetzte dem Kunden gegenüber vorgestellt, so daß der Kunde nicht den Vorgesetzten als Gesprächspartner wählt?
2. Wie kann der Mitarbeiter den Vorgesetzten bei Bedarf in das Verkaufsgespräch einbinden?
3. Welche Möglichkeit hat der Vorgesetzte, bei Engpässen im Verkaufsgespräch einzugreifen, ohne daß der Mitarbeiter dem Kunden gegenüber das Gesicht verliert?
4. Da ich sehr häufig Verkäufer als externer Umsatz-Coach im Kundenkontakt begleite, habe ich es mir zur Erfolgsdevise gemacht, mich nur dann in das Verkaufsgespräch einzuschalten, wenn das Gespräch zu scheitern droht.

Beim Training-on-the-job darf man den Mitarbeiter nicht gegen die Wand laufen lassen, sondern man sollte ihn konkrete Verhaltensalternativen erleben lassen, wie man in kritischen Situationen das Verkaufsgespräch doch noch erfolgreich beenden kann.

Das Feedbackgespräch im Anschluß an das gemeinsame Verkaufsgespräch sollte wiederum engpaßorientiert geführt werden. Gab es keinen Engpaß, machen Sie bitte keine „Verhaltenskosmetik“, die den Mitarbeiter nicht erfolgreicher macht. Ergreifen Sie die Möglichkeit, den Mitarbeiter zu loben!

Gibt es einen Engpaß, dann entwickeln Sie gemeinsam mit dem Mitarbeiter Verhaltensalternativen zur Bewältigung bzw. Vermeidung dieses Engpasses. Nachdem diese Alternativen im Trockentraining ausgiebig geübt wurden, starten wir in das nächste Kundengespräch.

Ein effektives Training-on-the-job ist nur dann gegeben, wenn mindestens fünf gleichartige Verkaufsgespräche in kürzester Zeit geführt werden können, denn so erreichen wir am schnellsten die gewünschte Verhaltenssicherheit beim Mitarbeiter.

Als Coach für das Training-on-the-job eignen sich nur die Personen, die auch selbst verkaufen können und somit die entsprechende Aufgabenreife besitzen. Ansonsten besteht das hohe Risiko, daß der Coach genau da seinen blinden Fleck hat, wo sich der Wachstumsknoten des Verkäufers befindet.

Wer Verkäufer entwickeln will, der muß hinter ihnen gehen und nicht vor ihnen.

Das Coaching in der Form des Training-on-the-job ist die Stunde der Wahrheit für den Coach, denn hier heißt es: *Vormachen – Mitmachen – Nachhalten.*

7. *Wie implementiert man das Coaching im Unternehmen?*

Das Gesamtsystem Unternehmen

„Ein neuer Aufbruch für eine Kultur des neuen Arbeitens ist erforderlich. Besonders im Sektor der Produktion. Die klassischen Führungs- und Umgangs-Konzepte in bezug auf die Arbeiterschaft sind möglichst schnell zu überwinden, weil die neuen Arbeiter eine der wichtigsten Säulen für die Fähigkeit zur Beschleunigung des Wandels werden.“ (GERKEN, 1990)

Bisher haben wir uns mit folgenden Fragen befaßt:

- Was verstehen wir unter Coaching?
- Welche Coaching-Stile gibt es?
- Welche Anforderungen erfüllt ein guter Coach?
- Wie gestaltet man einen effektiven Coachingprozeß?
- Welche speziellen Coaching-Fähigkeiten sind gefragt?
- Wie gestaltet man Coaching im Vertrieb?

Wenn Sie das alles bewältigt haben, fehlt „nur“ noch, all das, was Sie gelernt haben, in Ihren Alltag zu übertragen. Der Bereich im Unternehmen, in der Organisation, wo Sie arbeiten, ist ein Teil des „Gesamtsystems“. Das läßt sich folgendermaßen darstellen:

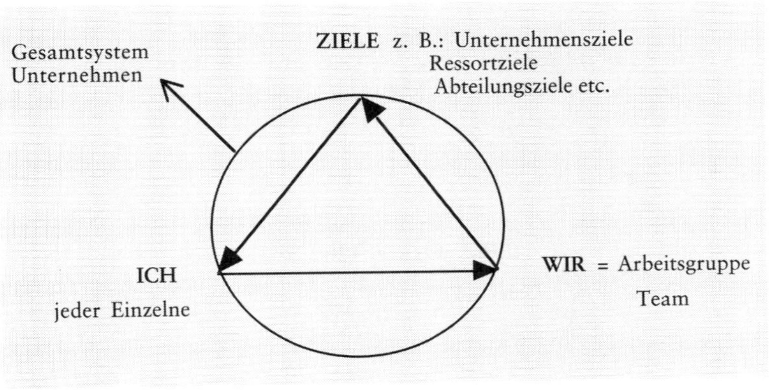

Abb. 19: Das Gesamtsystem Unternehmen

Es kann also durchaus Situationen geben, in denen Sie sich von außen, von Ihren Vorgesetzten, oder sogar von der Geschäftsleitung erst Hilfe holen müssen, bevor ein solcher Coachingprozeß funktionieren kann.

Der erste Schritt:
Wichtig für Sie ist, dafür zu sorgen, daß das Umfeld, der Kreis um „Ihr System", Ihre Abteilung, stimmt. Wenn Sie gemeinsam mit Ihren Mitarbeitern gelernt haben, den Gedanken zu leben, „Ich bin o.k. realistisch – Du bist o.k. realistisch", wird dieser Prozeß wesentlich leichter sein, denn das „o.k." schließt auch Probleme der Sache und Anforderungen mit ein. Mit Aktionismus werden Sie nicht erfolgreich sein. Ihre Aufgabe ist es, alle notwendigen Informationen zusammenzubringen und für die Koordination zu sorgen, sowie für ein Klima, in dem jeder Ihrer Mitarbeiter wachsen, nach seinem realistischen Tempo und seinen speziellen Fähigkeiten arbeiten kann.

Wenn Sie selbst alles in der Hand behalten wollen, sich für alles verantwortlich fühlen, nicht loslassen können, überall und nirgends sein müssen, so geht es Ihnen wie dem weißen Kaninchen in dem Buch „Alice im Wunderland". Bekanntlich raste das immer hin und her und war doch ständig zu spät dran. In dem Moment, in dem Sie den Eindruck haben: „Wer arbeitet hier eigentlich? Bin ich von lauter ‚Idioten' umgeben?", in dem Moment können Sie sicher sein, daß Sie das Klima für Coaching verlassen haben.

Der zweite Schritt:
Nach dem Motto: „Führ' ihn Schritt für Schritt, teil' ihm alles mit, laß ihn selbst versuchen, hilf Erfolg verbuchen", ist es Ihre Aufgabe als Coach, Ihren Mitarbeiter Schritt für Schritt in Richtung Selbständigkeit zu entwickeln. Das heißt also, entsprechend dem Modell in Kapitel 3 und 4, langsam zu helfen, seinen eigenen Reifegrad in Richtung Selbstverantwortung zu erreichen.

Ein Team, in dem Verantwortung geteilt wird, kann nur dann gut arbeiten, wenn die Mitglieder des Teams die Fähigkeit entwickelt haben, die ihnen übertragenen Verantwortlichkeiten auch zu meistern und damit erfolgreich zu sein. Nichts ist erfolgreicher als Erfolg!

Wichtig ist auch, daß in den Coachingprozeß keine Kollegen oder Mitarbeiter hineinreden, die selbst nicht die volle Kompetenz für den jeweiligen Aufgabenbereich besitzen.

Dabei ist es so: Entwicklung ist ein ständiger Prozeß. Er endet niemals, und wir werden weder mit unserer eigenen Entwicklung, noch mit der unserer Mitarbeiter fertig. Trotzdem können wir uns o.k. fühlen!

Ihre Aufgabe ist es auch, organisatorische und firmenspezifische Bedürfnisse mit denen Ihres Mitarbeiters in Einklang zu bringen. Manchmal ist es einfach nötig, dem Mitarbeiter auch den Rücken zu stärken, seine eigenen Bedürfnisse einmal hinten anzustellen im Interesse der Gemeinschaft, der Gesamtorganisation.

Auf der anderen Seite ist es auch enorm wichtig, daß Sie als Führungskraft das Äußern persönlicher Bedürfnisse, ja – zunächst einmal das Wahrnehmen von solchen – erlauben und eine entsprechende Atmosphäre schaffen.

Der dritte Schritt:
Gemeinsam mit Ihren Mitarbeitern heißt es, eine Abteilungsvision zu bestimmen und an ihrer Entwicklung arbeiten.

> Wenn ich nicht weiß, wohin ich will, muß ich mich nicht wundern, wenn ich ganz woanders ankomme.
> (R. MAGER)

Einfacher ist es natürlich, wenn Ihr Unternehmen eine einheitliche *Unternehmensvision* veröffentlicht hat, an die sich

Ihre Abteilung anschließen kann. Es hat aber keinen Sinn, darauf zu warten, wenn dies nicht geschieht. Manche Manager warten dann auf den „Weihnachtsmann", der bekanntlich zu Erwachsenen nicht mehr kommt! Es ist durchaus legitim und zulässig, im Rahmen des Gesamtsystems, gemeinsam mit Ihren Mitarbeitern *Zukunftsvisionen für Ihre Abteilung* zu entwickeln. Solche Visionen können vielfältiger Art sein. Sie müssen überhaupt nicht „hochgestochen" sein.

Die einzige Voraussetzung ist, Sie müssen unsere Wahrnehmung und alle unsere Sinne ansprechen. Nur so kann der Mitarbeiter sich selbst Bilder malen und „eigene Filme" drehen, um auch sein Unbewußtes zu aktivieren, um Kraft für die Erreichung der Ziele freizusetzen. Solche Abteilungsziele können z. B. sein:

Im Milchwerk Allgäu in der Abteilung Milchtrocknung:

- Wir werden das beste Team im Unternehmen sein.
- Wir werden mit der neuen computerintegrierten Anlage CIM zu einem noch höheren Qualitätsstandard kommen. Dabei muß der Qualitätsstandard möglichst konkret von Ihnen angegeben werden.
- Wir werden die entsprechenden Qualitätszirkel gründen und damit arbeiten, bis dieses Ziel erreicht ist.

Visionen können auch idealistisch sein, z. B.:

- Wir werden ein fröhliches, gesundes Team sein.
- Wir werden auf lange Zeit zusammenbleiben.
- Wir werden unsere Arbeitsplätze sichern.
- Wir werden gesund sein.
- Wir werden wenig Fluktuation haben.

Das letzte Ziel ist allerdings nicht ganz „astrein" formuliert, es müßte eigentlich positiv formuliert werden. Überlegen Sie doch einmal selbst, wie Sie es positiver formulieren könnten!

In jedem Fall muß ein solches visionäres Zukunftsziel Begeisterung auslösen und einen hohen Identifikationsgrad der Mitarbeiter. Solche Ziele erfüllen mehrere Funktionen.

Zunächst einmal vereinen Sie die Mitglieder Ihres Teams und inspirieren sie mit einer Vision, was extra Kraft gibt. Menschen wollen nicht für Geld allein arbeiten. Die finanzielle Sicherheit allein beflügelt Menschen keinesfalls, ihr Bestes zu geben. Wenn wir zum Beispiel statt Gewinnmaximierung davon sprechen, den besten Return on Investment zu haben, oder das größte finanzielle Wachstum, oder das beste Ergebnis im Unternehmen, so spricht das unsere Emotionen wesentlich mehr an. Es muß also etwas sein, was das „natürliche Kind-Ich" innerhalb unserer Ich-Zustände begeistert und anfeuert. Ich bin sicher, für Ihre Abteilung fällt Ihnen hier selbst eine Menge ein. Es ist für den Vorstand leichter, übergeordnet begeisternde Ziele für die ganze Organisation zu formulieren. So einfach haben Sie es im Rahmen Ihrer Abteilung natürlich nicht. Im Rahmen Ihrer Alltagsarbeit müssen Sie schon eine ganze Menge Kreativität entwickeln – ohne diese geht es nicht.

Die zweite Voraussetzung bei einer solchen Vision, bei einem solchen Ziel ist: Es muß als eine Art Meßlatte dienen, um Entscheidungen zu fällen, d. h., so spezifisch sein, daß es eine Art „Führer" sein kann, innerhalb verschiedener Möglichkeiten zu wählen. Zum Beispiel könnte Ihre Abteilung sagen: Wir sind das beste Team, was Niedrigkosten, Qualität und Produkte betrifft und/oder unseren Kunden zu helfen, im Markt wettbewerbsfähig zu sein. Eine andere Abteilung könnte zum Beispiel sich selbst als die Besten im Geschäft bezeichnen und als die, die Verbraucherwünsche schon vorweg nehmen, um auf diese Weise immer die Nase vorn zu haben. Eine andere Vision: „Wir haben begeisterte Kunden" u. a. m.

Überlegen Sie im folgenden noch einmal, wie die Vision für Ihr Team aussehen könnte, wie könnten Sie diese Vision coachen? Eine gute Methode ist der Qualitätszirkel, wobei man sehr hilfreich z. B. mit der Moderationsmethode arbeiten kann.

Die dritte Funktion von solchen Visionen und Zielen ist, daß Sie sich auch den übergeordneten Stellen gut „verkaufen". Sie zeigen damit: „Wir denken in die Zukunft." Sie definieren Ihre Zukunft. Bekanntlich hat die Zukunft schon begonnen, bevor wir ihr gewachsen sind. Sie definieren im Sinne des Club of Rome die Zukunft als Freund, nicht als Dieb! Ein großer Teil Ihrer Verantwortlichkeit als Coach ist ja auch, an positiven Zukunftsentwicklungen mitzuwirken. Natürlich sind die einzelnen Komponenten nicht unabhängig nebeneinander, sondern in ständiger Interaktion miteinander zu sehen. Eines ist mit dem anderen vernetzt. Sie können diese Punkte zum Gegenstand Ihrer Mitarbeitergespräche machen, Sie können kleine Workshops oder Qualitätszirkel einrichten, in denen Sie mit den Leuten an einzelnen Punkten arbeiten und überlegen, wie Sie den Arbeitsalltag damit noch verbessern können und natürlich – last not least – auch das Ergebnis.

Checkliste: Entwicklung einer Vision

Im folgenden eine kleine *Checkliste,* wie Sie selbst für sich eine solche Vision entwickeln können:

1. Stellen Sie objektiv und nüchtern fest, wer Ihr Unternehmen ist, was Sie können, welchen Nutzen Sie Ihren Kunden, Ihren Abnehmern bringen.
2. Stellen Sie genauso nüchtern und objektiv fest, wo Ihre Märkte hingehen, wo sich das Umfeld dieser Märkte in den nächsten Jahren ändern wird.
3. Bauen Sie Alternativszenarien über die Zukunft Ihrer Märkte und über die potentielle Position Ihres Unternehmens in den verschiedenen Zukunftsmärkten auf.

- Was geschieht, wenn sich wenig ändert im Unternehmen?
- Was geschieht, wenn Sie Ihre Strategien an die Marktänderungen anpassen?
- Was könnte geschehen, wenn Sie wirklich alle Chancen wahrnehmen?

4. Was würde Ihrem Unternehmen fehlen, wenn es Ihre Abteilung nicht mehr gäbe?
5. Wenn Sie auf Ihrer Hierarchiestufe nicht strategisch mitarbeiten können: Es gibt ja auch noch das betriebliche Vorschlagswesen!

Und vielleicht hat Ihr Vorstand sich sogar schon mit der „lernenden Organisation" identifiziert, dann gibt es noch wesentlich mehr Möglichkeiten. Aus all diesen Erkenntnissen entwickeln Sie möglichst gemeinsam mit Ihren Mitarbeitern Ihre Vision. Wenn Sie mit Ihrer Geschäftsleitung zusammenarbeiten können, entwickeln Sie mit dieser gemeinsam die Zukunft des Unternehmens. Dabei versuchen Sie, alle Chancen wahrzunehmen und leiten daraus Ihre Abteilungsvisionen ab. Stimmen Sie Ihre Vision mit Ihren Kollegen, den anderen Funktionen im Unternehmen ab und kommunizieren Sie sie in Ihrem Unternehmen. Das ist die Meßlatte, an der Sie Ihre zukünftigen Strategien, Ihre Verhaltensweisen, Ihre Erfolge messen. Was nicht gedacht wird, kann auch nicht geschehen!

Zum Abschluß möchte ich Ihnen Mut machen. Europa 2000 ist als Thema gegenwärtig zwar in aller Munde, viele Unternehmen beschäftigen sich ganz intensiv damit. Die Unternehmensstrategie ist überdacht, die Marketing-Konzeptionen sind neu zugeschnitten worden. Mergers und Acquisitions sowie geplante oder vollzogene Produktionsverlagerungen haben die Ausgangspositionen der Unternehmen den veränderten Rahmenbedingungen angepaßt. Nun geht es an die Umsetzung, und damit rückt die Frage des Personalmanagements an die erste Stelle auf der Aufgabenliste zukunftsorientierter europäischer Unternehmen. Und da ist noch einiges zu bewältigen: Die Personalpolitik der Jahrtausendwende ist hauptsächlich durch Sparmaßnahmen, Personalabbau, Lean Management, technologische Innovationen, die damit verbundenen Veränderungen von Anforderungsprofilen und neuen demographischen Entwicklungen bestimmt.

Je weniger Menschen umso qualifiziertere Arbeit verrichten müssen, desto stärker wird der Qualifikationsengpaß im Unternehmen. Gerade das hohe Qualifikationsniveau der Mitarbeiter zu gewährleisten und zu verbessern, Mitarbeiter als Mitunternehmer zu entwickeln, wird eine zentrale Aufgabe des Personalmanagements sein. In Zeiten der Globalisierung, der ständig wachsenden Komplexität werden qualifizierte Mitarbeiter immer mehr zu einem wichtigen Kapital. Die meisten Unternehmen sehen beachtliche Probleme voraus in einem Markt mit wachsenden Anforderungen und einer ständig steigenden Veränderungsgeschwindigkeit Schritt zu halten.

„Wie Schiffe sind wir, die ihr Schiff auf offener See umbauen müssen, ohne es jemals in einem Dock zerlegen und aus besten Bestandteilen neu errichten zu können“
(Otto Neurath)

Sieben Schritte zur Entwicklung des Coachings

Im folgenden *sieben hilfreiche Schritte,* um das hochwirksame Instrument Coaching zu entwickeln:

1. Schritt:

Stellen Sie sich zu Beginn Ihrer Tätigkeit zwei grundsätzliche Fragen:

- Gibt es bereits die Bedingungen, in denen ich als Entwickler meiner Mitarbeiter, als Coach arbeiten kann?
- Selbst, wenn sie bereits existieren, ist es im Augenblick die günstigste Zeit, um zu coachen?

Der beste Zeitpunkt ist der, wenn die Mitarbeiter schwierige und voneinander abhängige Anforderungen zu erfüllen haben, wobei sich das Umfeld ständig wandelt. Natürlich müssen auch die Mitarbeiter einigermaßen kompetent für die Lösung der Aufgaben sein. Ein guter Zeitpunkt war z. B. die Umstellung der Produktion in dem Milchwerk Allgäu auf CIM. An solchen Gelegenheiten wird es sicher bei Ihnen auch nicht fehlen, denn: Nichts ist beständiger als der Wandel!

2. Schritt:

Schaffen Sie die Bedingungen für den Start. Das bedeutet aber nicht, daß Sie alles perfekt vorbereitet haben müssen, bevor Sie mit Ihrem Coaching beginnen. Die normalen Alltagsprobleme, die es gibt, sind sicher keine Entschuldigung, nicht mit dem Coaching zu beginnen. Eine gute Gelegenheit sind Neuerungen im Unternehmen. Wichtig ist allerdings, daß Sie mit Ihrem Vorgesetzten und Ihren Kollegen sprechen und sich „grünes Licht“ holen. Dies dient auch gleichzeitig Ihrem internen Marketing!

3. Schritt:

Natürlich müssen Sie einen Wechsel in Ihrem Führungsstil auch Ihren Mitarbeitern gegenüber deutlich machen. Das können Sie sehr gut mit den ersten Coaching-Gesprächen koordinieren. Für die Mitarbeiter darf es keine „Überraschung“ sein. Sie dürfen nicht der Meinung sein: Der Boss war auf einem Seminar, spätestens nach einer Woche ist er wieder „normal“! Die Ernsthaftigkeit Ihres Anliegens muß Ihren Mitarbeitern deutlich werden.

4. Schritt:

Bei schwierigen Mitarbeitern empfiehlt es sich zusätzlich, zu Ihren Coaching-Funktionen noch Patenschaften mit Mitarbeitern zu arrangieren, die Ihre Aktivitäten unterstützen. Als Pate eignet sich sehr gut ein Kollege, der mit dem jeweiligen Mitarbeiter „gut kann“, der sein Vertrauen genießt, und der auch die entsprechenden Fähigkeiten hat, seinem Kollegen auf seinem Entwicklungsweg weiterzuhelfen.

Wichtig ist es auch hier, daß es Beziehungen aus dem „Ich bin o.k. - Du bist o.k.“ sind, daß das natürliche Kind-Ich Ihrer Mitarbeiter aktiviert wird und klare „Verträge“ mit dem Erwachsenen-Ich des Mitarbeiters geschlossen werden.

5. Schritt:

Entwickeln Sie ein Team, in dem Verantwortung geteilt wird. Diese Teamentwicklung muß keine große Angelegenheit mit Teamseminaren oder ähnlichem sein, es genügt, wenn Sie bei Ihren Mitarbeitergesprächen Schritt für Schritt für eine entsprechende Entwicklung in Richtung effektives Team sorgen. Sie finden im folgenden einen Profilbogen zur Analyse des Verhaltens Ihrer Teammitglieder. Am besten ist, Sie fangen bei sich an und beurteilen anhand dieses Polaritätenprofils Ihre eigene Verhaltensweise im Team aus Ihrer Sicht. Sie können gelegentlich, nachdem Sie sich immer wieder mit Ihrer Checkliste aus Kapitel 2 und Ihrem Menschenbild beschäftigen, sich auch das Feedback Ihrer Kollegen holen, ob Ihr Selbstbild und das Fremdbild übereinstimmen.

Ein gutes Team sichert Ihren Coaching-Erfolg im Unternehmen. Denn: Das Team ist ein Denklabor. Das vorhandene Denkpotential aller wird im Team aktiviert und vervielfacht.

Profilbogen zur Analyse des Verhaltens der Team-Mitglieder

1. Arbeitsweise	ziellos	-3 -2 -1 +1 +2 +3	zielorientiert
2. Vorgehen	verworren	-3 -2 -1 +1 +2 +3	klar
3. Ideen bewerten	gleich kritisiert	-3 -2 -1 +1 +2 +3	erst gesammelt
4. Ideen vortragen	jeder für sich	-3 -2 -1 +1 +2 +3	Ideen anderer angreifen
5. Unterbrech-ungen	wurden un-terbrochen	-3 -2 -1 +1 +2 +3	konnten ausreden
6. Beteiligung	ungleich-mäßig	-3 -2 -1 +1 +2 +3	gleichmäßig
7. Problem-orientierung	eigen-profiliert	-3 -2 -1 +1 +2 +3	problem-orientiert
8. Gruppen-ergebnis	unpro-duktiv	-3 -2 -1 +1 +2 +3	produktiv

- Das Team wird so zur Quelle für Kreativität und Produktivität.
- Das Team überwindet Experten-Blindheit.
- Es ist ein Motor für Reformen und Systemveränderungen. In unserer komplexen Arbeitswelt können wir nicht mehr mit Einzelkämpfern arbeiten.
- Das Team überwindet Konflikte. Diese werden nicht länger verdrängt durch Machtausübung, sondern bearbeitet.
- Das Team ist ein Leistungswettbewerb ohne Verlierer. Alle Aktionen beziehen sich auf das Problem und nicht auf Personen. Jeder darf gewinnen.
- Leistungskontrolle und Leistungszwang ersetzen Sie auf diese Weise durch Leistungsmotivation. Gleichzeitig ist das Team für Sie ein Korrektiv für Ihren eigenen Führungsstil.

- Das Team sorgt für die Leistungsfähigkeit Ihrer Abteilung. Ein gutes Teamklima erzeugt gleichzeitig ein gutes Klima für Coaching, nach dem Motto: Miteinander arbeiten – voneinander lernen!

6. Schritt:

Gleichzeitig entwickeln Sie durch Coaching natürlich einzelne Ihrer Mitarbeiter. Persönlichkeits- und Organisationsentwicklung gehen damit Hand in Hand. In einem guten Coaching-Klima haben Ihre Mitarbeiter die Möglichkeit, ihre Stärken zu entwickeln und Ressourcen zu entdecken, die sie ohne Ihre Förderung vielleicht niemals entdeckt hätten. Als Coach tragen Sie so zum lernenden Unternehmen bei.

In einem unserer Workshops bei der dta Deutsche Trainer- und Führungskräfte-Akademie Unternehmensberatung BDU begannen wir einen Coaching-Workshop mit folgenden Fragen:

1. Mitarbeiter entwickeln heißt für mich ...

Auf bereitgestellten Pinnwänden haben die Teilnehmer folgende Punkte notiert:

- Wir lernen alle dabei
- Fähigkeiten erkennen – sie zu nutzen versuchen (evtl. auch etwas Neues erfinden)
- Entwicklungsgebiete erkennen – sie zu besprechen (Was meine Organisation will und was der Mitarbeiter braucht)
- Offenes Entwicklungsklima in meiner Abteilung
- Mitarbeiter auf dem Weg zu Spitzenmitarbeitern zu begleiten/zu führen (In search of excellence)
- Lehren, leiten, eigenständig werden lassen
- Ihnen ihre ur-eigene Kraft (bewußt) erlebbar zu machen

Gleichzeitig haben wir auch folgende Frage auf einer anderen Pinnwand angebracht:

2. Gute Mitarbeiter in andere Unternehmensbereiche gehen zu lassen, bedeutet für mich ...

- Sie optimal auf die neue Aufgabe vorzubereiten
- Loslassen – Unbequemlichkeiten in Kauf nehmen - Verstand o.k. – Gefühl zunächst nicht so gut (Schade für mich – gut für sie/ihn und damit o.k.)
- Stolz darauf sein, aber mir auch wieder neue Arbeit zu machen – mir auch Konkurrenz schaffen – Einfluß auf die Organisation nehmen (gewinnen) – Netzwerk aufbauen
- Mich zu freuen, daß der Mitarbeiter weiterkommt
- Verlust für meine Abteilung
- Gewinn für die Organisation
- Gefühl: „hoffentlich ist er/sie erfolgreich, weil das auf mich reflektiert"
- Eine Perle aus meinem Schatz weiterzugeben
- Zur lernenden Organisation beitragen

Ihnen wird es da mit Sicherheit nicht so gehen, wie dem Kollegen Jack aus Kapitel 2.

7. Schritt:

Legen Sie gemeinsam mit Ihren Mitarbeitern eine Verpflichtung auf ein übergeordnetes Ziel fest, mit welchem sich Ihre Mitarbeiter identifizieren. Nur wenn übergeordnete Ziele festliegen, und alle wissen, wo es hingeht, wird die Kraft auch entsprechend gelenkt. Als guter Coach sind Sie Energiemanager Ihrer Mitarbeiter, um gemeinsam mit Ihren Mitarbeitern diese Ziele zu erreichen. Die Zielerreichung beflügelt auch wieder den einzelnen, weiter an sich und den gemeinsam definierten Aufgaben und Entwicklungschancen zu arbeiten.

Zu guter Letzt: Mit diesem Buch wollen wir Ihnen keine „Kochrezepte“ geben. Wir wissen, daß auch Sie in einer „unperfekten“ Welt leben. Das Umfeld in dem Dreieck „ICH-WIR-ZIELE“ ist oft schwierig. Außerdem haben Sie ja nicht nur die Aufgabe zu coachen, sondern es stürmt immer mehr Arbeit und Verantwortung auf Sie ein. Darüber hinaus werden Sie oft selbst von Ihren Vorgesetzten mit ganz anderen Maßstäben gemessen, als an der Entwicklung Ihrer Mitarbeiter. Trotz aller dieser Paradoxien und Widersprüche möchten wir Ihnen Mut machen. Wir erinnern Sie an die Geschichte aus dem Buch *Momo* von Michael Ende:

> „Man darf nie an die ganze Straße auf einmal denken“
> (Lebensweisheiten des Straßenkehrers Beppo)
>
> Er fuhr jeden Morgen – lange vor Tagesanbruch – mit seinem alten, quietschenden Fahrrad in die Stadt zu einem großen Gebäude. Dort wartete er in einem Hof, zusammen mit seinen Kollegen, bis man ihm einen Besen und einen Karren gab und ihm eine bestimmte Straße zuwies, die er kehren sollte. Beppo liebte diese Stunden vor Tagesanbruch, wenn die Stadt noch schlief.
>
> Er tat seine Arbeit gern und gründlich. Er wußte, es war eine sehr notwendige Arbeit. Wenn er so die Straßen kehrte, tat er es langsam, aber stetig: Bei jedem Schritt ein Atemzug, und bei jedem Atemzug einen Besenstrich.
>
> SCHRITT – ATEMZUG – BESENSTRICH
> SCHRITT – ATEMZUG – BESENSTRICH
>
> Dazwischenblieb er manchmal ein Weilchen stehen und blickte nachdenklich vor sich hin. Und dann ging er weiter
>
> SCHRITT – ATEMZUG – BESENSTRICH
> SCHRITT – ATEMZUG – BESENSTRICH
>
> Während er sich so dahinbewegte, vor sich die schmutzige Straße, und hinter sich die saubere, kamen ihm oft große Gedanken. Aber es waren Gedanken ohne Worte, Gedanken, die sich so schwer mitteilen ließen wie ein bestimmter Duft, an den man sich nur gerade eben noch erinnert, oder wie eine Farbe, von der man geträumt hat. Nach der Arbeit, wenn er bei Momo saß, erklärte er ihr seine großen Gedanken. Und da sie auf besondere Art zuhörte, löste sich seine Zunge und er fand die richtigen Worte.

„Siehst du, Momo“, sagte er dann zum Beispiel, „es ist so: Manchmal hat man eine sehr lange Straße vor sich. Man denkt, die ist so schrecklich lang; das kann man niemals schaffen, denkt man.“ Er blickte eine Weile schweigend vor sich hin, dann fuhr er fort: „Und dann fängt man an, sich zu eilen. Und man eilt sich immer mehr. Jedesmal, wenn man aufblickt, sieht man, daß es gar nicht weniger wird, was noch vor einem liegt. Und man strengt sich noch mehr an, man kriegt es mit der Angst, und zum Schluß ist man ganz aus der Puste und kann nicht mehr. Und die Straße liegt immer noch vor einem. So darf man es nicht machen.“

Er dachte einige Zeit nach. Dann sprach er weiter: „Man darf nie an die ganze Straße auf einmal denken, verstehst du? Man muß nur an den nächsten Schritt denken, an den nächsten Atemzug, an den nächsten Besenstrich. Und immer wieder nur an den nächsten.“ Wieder hielt er inne und überlegte, ehe er hinzufügte: „Dann macht es Freude; das ist wichtig, dann macht man seine Sache gut. Und so soll es sein.“

Und abermals nach einer langen Pause fuhr er fort: „Auf einmal merkt man, daß man Schritt für Schritt die ganze Straße gemacht hat. Man hat gar nicht gemerkt wie, und man ist nicht aus der Puste.“ Er nickte und sagte abschließend: „Das ist wichtig.“

Wir wünschen Ihnen von Herzen viel Erfolg bei Ihren Bemühungen, beim Coachen Ihrer Mitarbeiter.

Machen Sie es wie Beppo:
SCHRITT – ATEMZUG – BESENSTRICH

Mit dieser Gelassenheit erreichen Sie Ihre „Personal Mastery“ und werden gleichzeitig ein überzeugendes Vorbild für Ihre Mitarbeiter bei der Erreichung deren „Personal Mastery“.

Denn ...

Jedes Unternehmen ist nur so gut wie seine Mitarbeiter!

Literaturverzeichnis

BINSTED, D. (1986). Development in interpersonel skills training. Aldershot: Gower Press.

BÖCKMANN, W. (1985). Wer Leistung fordert, muß Sinn bieten. Düsseldorf: Econ.

BREADFORD, D. L., COHEN, A. R. (1984). Managing for excellence. The guide to developing high performance in contemporary organizations. New York: John Wiley and Sons.

COHN, R. C. (1996). Von der Psychoanalyse zur themenzentrierten Interaktion. Stuttgart: Klett.

CZICHOS, R. (1990). Change Management. München/Basel: Ernst Reinhardt.

DOPPLER, K., LAUTERBURG, CH. (1996). Change Management: Den Unternehmenswandel gestalten. 5. Aufl. Frankfurt a. M./New York: Campus.

ENDE, M. (1973). Momo. Stuttgart: Thienemann.

GERKEN, G. (1990). Neue Wege für Manager: Erfolg zwischen High Tech und Ethik, Die Trends für ein anderes Business. Düsseldorf: Econ Taschenbuch.

GUEST, HERSEY, BLANCHARD, K. (1985). Wie Manager re-organisieren. Landsberg/Lech: mi-Verlag.

HAGUE, H. (1979). Helping managers to help themselves. Oxford: Context.

HERSEY, P. (1986). Situatives Führen. Landsberg/Lech: mi-Verlag.

HUBER, J. J. (1995). Coaching im Vertrieb. Unveröffentlichte Seminarunterlage für eine bayerische Großbank.

HUBER, J. J. (1996). Weiterbildung zum Umsatz-Coach. Unveröffentlichte Seminarunterlage für Finanzdienstleister.

HUBER, J. J. (1997). Umsatz(Ertrags)Coaching für Führungskräfte im Vertrieb. Gernlinden: Eigenverlag.

KÄLIN, K., MÜRI, P. (1989). Sich und andere führen. Thun: Ott.

KÜHN, G. (1986). Die situativ-kooperative Führung als Instrument der Organisationsentwicklung. Heidelberg: Sauer.

MEGGINSON, BOYDELL (1984). A managers' guide to coaching. British Association for Commercial and Industrial Education. London: Bacie.

NAGEL, K. (1988). 200 Strategien, Prinzipien und Systeme für den persönlichen und unternehmerischen Erfolg. Landsberg/Lech: mi-Verlag.

NEUBEISSER, M.-L. (1990). Management-Coaching: Der neue Weg von morgen. Zürich/Wiesbaden: Orell Füssli.

ORTH, WILKONSON, BENFARI (1987). The managers' role as coach and mentor. Organizational Dynamics Nr. 4/87, S. 66ff.

PECCEI, A. et al. (1979). Zukunftschance lernen. Berichte an den Club of Rome. Molden.

PETERS, T. (1995). Das Tom Peters Seminar: Management in chaotischen Zeiten. 2. Aufl. Frankfurt a. M./New York: Campus.

PHILIPS, K. (1982). Die Firma als Lernmilieu. Manager Magazin. Heft 9/82, S. 128ff.

MILLS, QUINN D. (1988). Die neuen Chefs: Erfolgsstrategien der Manager von morgen. Wiesbaden: Gabler.

SELIGER, R. (1997). Wie systemisches Denken Lernen in Organisationen verändert. Organisationsentwicklung, Heft 1/97.

SENGE, P. M. (1996). Die fünfte Disziplin. Stuttgart: Klett-Cotta.

SENGE, P. M., KLEINER, A., SMITH, B. et al. (1996). Das Fieldbook zur fünften Disziplin. Stuttgart: Klett-Cotta.

SPRENGER, R. K. (1996). Das Prinzip Selbstverantwortung: Wege zur Motivation. 5. Aufl. Frankfurt a. M./New York: Campus.

STEWART, J., JOINES, V. (1987). TA Today: A new introduction to transactional analysis. Nottingham/Chapel Hill: Lifespace Publishing.

STIEFEL, R. TH. (1987). Lernen im 2er Team. St. Gallen: Academic Verlag.

STIEFEL, R. TH. (1988). Die Mitarbeiter sind unser wertvollstes Kapital, Teil II. MAO Zeitschrift für Management-Andragogik Nr. 3/88.

STIEFEL, R. TH. (1988). Die möglichen Dimensionen des Verhaltens eines Vorgesetzten. Management-Andragogik und Organisationsentwicklung Nr. 3/88, S. 14ff.

STIEFEL, R. TH. (1996). Lektionen für die Chefetage. Personalentwicklung und Management Development. Stuttgart: Klett-Cotta.

STIEFEL, R. TH., Förderung des Lerntransfers durch den Vorgesetzten. Unveröffentlichte Seminarunterlage.

STRITCH, S. (1996/97). dta-handouts zum dta-Seminar „NLP-Praxis für Trainer und Führungskräfte“, November 1996 und Mai 1997.

STRITCH, S., SIEBER, H., HAMANN, A. (1996). dta-Change-Pressure-Barometer® Praxis-Handbuch „Veränderungsdruck erfolgreich managen“. dta-Eigenverlag.

T.I.D. (1988). Trainerinformationsdienst 1/88, S. 23

TEPPERWEIN, K. (1987). Streßfrei leben. Landsberg/Lech: Msg-Verlag.

Trainingspaket „Transaktionsanalyse“ (1976). Zürich: Black Box AG.

WILDENMANN, B. (1996). Professionell führen: Empowerment für Manager, die mit weniger Mitarbeitern mehr leisten müssen. 3. Aufl. Neuwied: Luchterhand.

Wirtschaftswoche. Beilage „Karriere“. Heft 38/1990.

ZANDER, E., REINEKE, W. (1981/86). Führungsentwicklung - Organisation - Development in der Praxis. Heidelberg: Sauer.

Stichwortverzeichnis

Zu den Autoren

Dr. Angelika Hamann (BDVT/BDU) ist Geschäftsführende Gesellschafterin der dta – Deutsche Trainer- und Führungskräfte-Akademie Unternehmensberatung in Hamburg. Studium der Rechte, Psychologie und Erziehungswissenschaft. Zusatzausbildungen in Organisationsentwicklungsberatung, Gruppendynamik, Gestalttherapie, Psychodrama und Transaktionsanalyse, NLP, Systemische Therapie. Seit 1968 ist Angelika Hamann als Trainerin, Beraterin im Rahmen der Personal- und Organisationsentwicklung für namhafte Unternehmen im In- und Ausland tätig. Ihr Spezialgebiet ist das Coaching, auch Einzelcoaching, von Topmanagern.

Johann J. Huber (BDVT) ist selbständiger Unternehmensberater im In- und Ausland. Zusatzausbildungen in Gruppendynamik und Transaktionsanalyse, NLP, RET, Personal- und Organisationsentwicklung u. a. bei Dr. Stiefel und Dr. Glasl. Johann J. Huber ist mehrfacher Buchautor im Bereich Vertrieb von Finanzdienstleistungen. Er ist Cheftrainer der dta mit dem Schwerpunkt Aus- und Weiterbildung von Verkaufstrainern – Coaching.